はじめの
べんきょう
1.

せんを じょうずに かこう

☆ えんぴつで、┆《せん》を なぞりましょう。

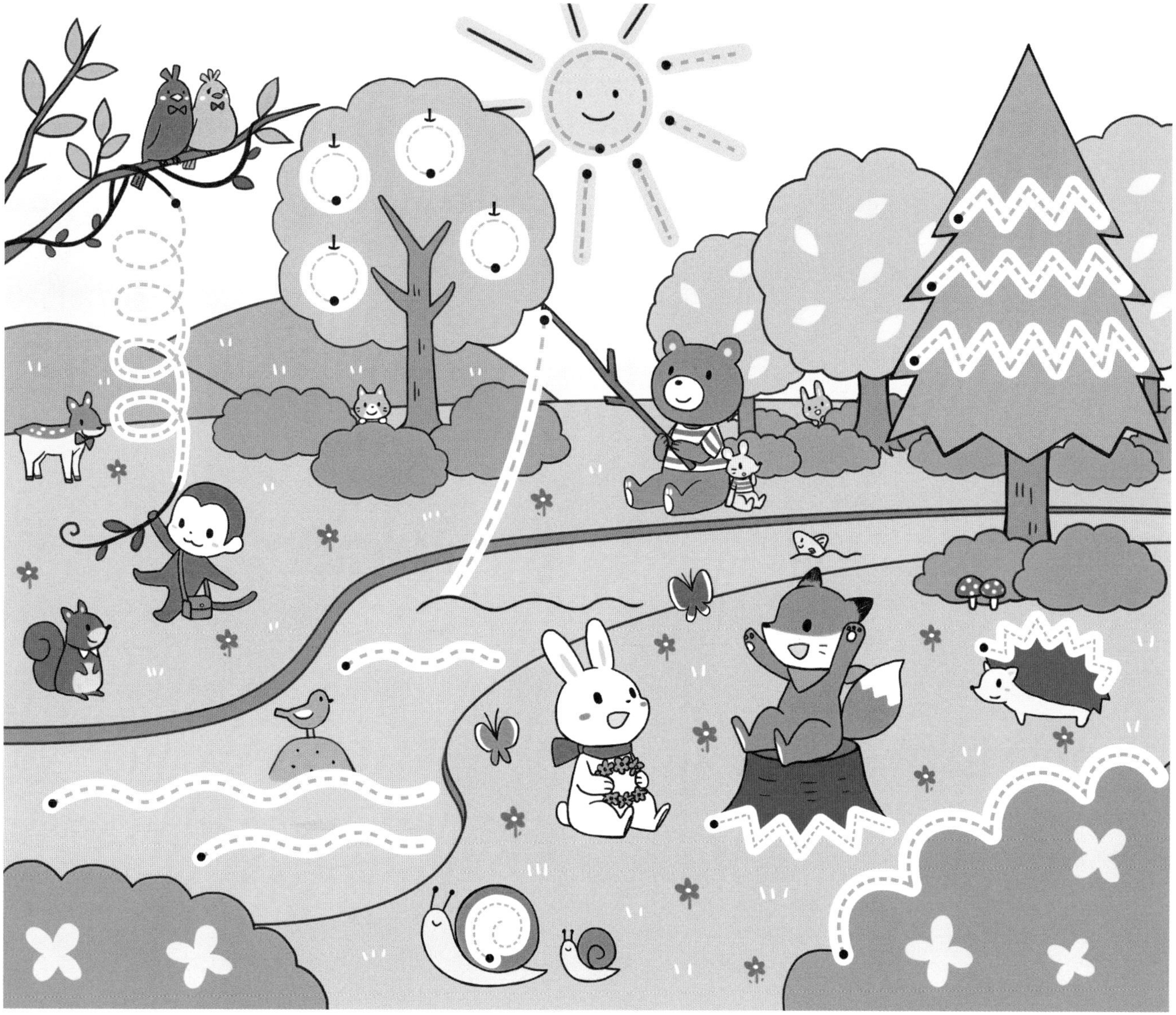

がつ　にち

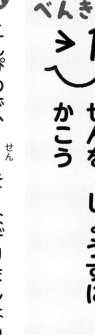

はじめの べんきょう 2.

ひらがなを かこう

おうちの方《かた》へ
とめる・はらうといった点にも注意して、正しく字を書きましょう。

がつ　にち

ひらがなを　かきましょう。

あ あ
あり

い い
いぬ

う う
うさぎ

え え
えんぴつ

お お
おにぎり

か か
かめ

き き
きつね

く く
くり

け け
けむし

こ こ
こい

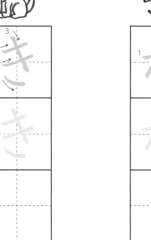

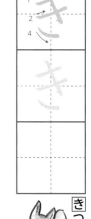

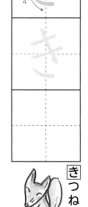

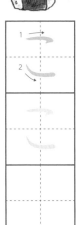

はじめの べんきょう 3

ひらがなを かこう

ひらがなを かきましょう。

さ さ

さる

し し

しまうま

す す

すずめ

せ せ

せみ

そ そ

そり

た た

たこ

ち ち

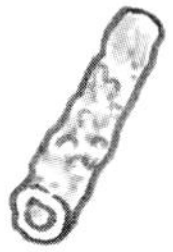

ちくわ

つ つ

つみき

て て

てつぼう

と と

とけい

がつ　にち

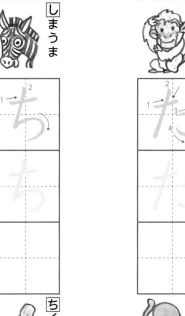

はじめの べんきょう 4。

ひらがなを かこう

ひらがなを かきましょう。

な な

なす

に に

にわとり

ぬ ぬ

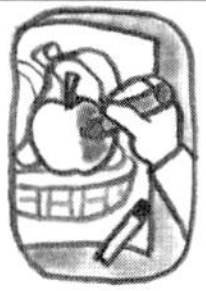

ぬりえ

ね ね

ねずみ

の の

のはら

は は

はち

ひ ひ

ひこうき

ふ ふ

ふね

へ へ

へちま

ほ ほ

ほし

がつ　にち

はじめの べんきょう 5。

ひらがなを かこう

がつ　にち

ひらがなを　かきましょう。

ま
ま

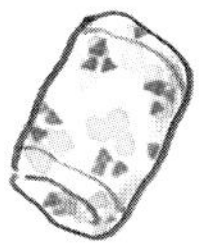
ま くら

み
み

み み

む
む

む しめがね

め
め

め だか

も
も

も り

や
や

や かん

ゆ
ゆ

ゆ かた

よ
よ

よ うかん

かきじゅんに　きを　つけて
ただしく　かこうね。

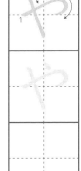

はじめの べんきょう 6.

ひらがなを かこう

ひらがなを かきましょう。

ら

らくだ

わ

わし

り

りんご

を

きを きる

る

するめ

ん

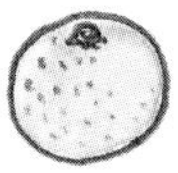

みかん

れ

れんこん

ろ

ろば

「れ」と 「わ」は かたちが にて いるので ちゅういしましょう。

がつ　にち

はじめの べんきょう 7

ひらがなを かこう

がつ　にち

ひらがなを　かきましょう。

゛が　つく　じ

ば　ば

ばなな

び　び

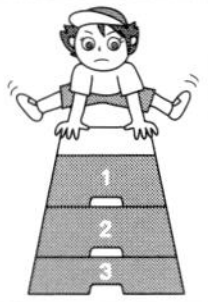

とびばこ

ぶ　ぶ

ぶた

べ　べ

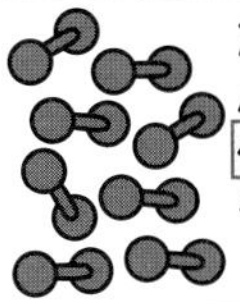

だんべる

ぼ　ぼ

たんぼ

゜が　つく　じ

ば　ぱ

ぱんだ

び　ぴ

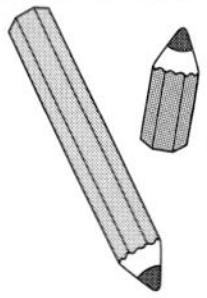

えんぴつ

ぶ　ぷ

ぷりん

へ　ぺ

ぺんき

ぼ　ぽ

さんぽ

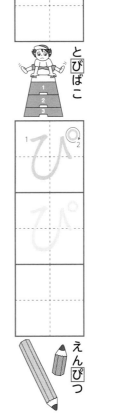

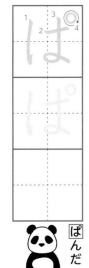

はじめの べんきょう 8.

ひらがなを かこう

ひらがなを かきましょう。

ちいさく かく じ

や ゆ よ

きゃ きゃ

きゃべつ

きゅ きゅ

きゅうけい

きょ きょ

きょうりゅう

ちいさく かく じは みぎうえに かくよ。

つ

きっぷ

きっぷ

かっぱ

かっぱ

ただしく かける ように れんしゅう しましょう。

がつ　にち

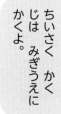

なつやすみの ホームテスト 9

ひらがなの れんしゅう

じかん 20ぷん

ごうかく 80てん

／100

サクッと こたえあわせ

こたえ 85ページ

月　　日

1 なんの えですか。えの なまえを かきましょう。 60てん（ひとつ5）

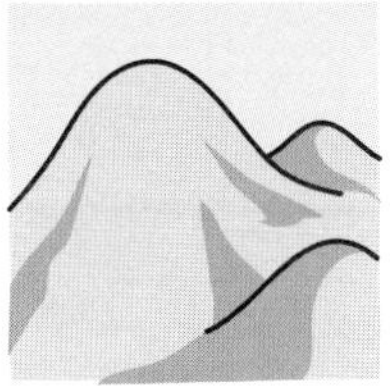

うらの ページに つづくよ！

2 えに あう ことばを □ に かいて、しりとりを しましょう。

40てん（ひとつ4）

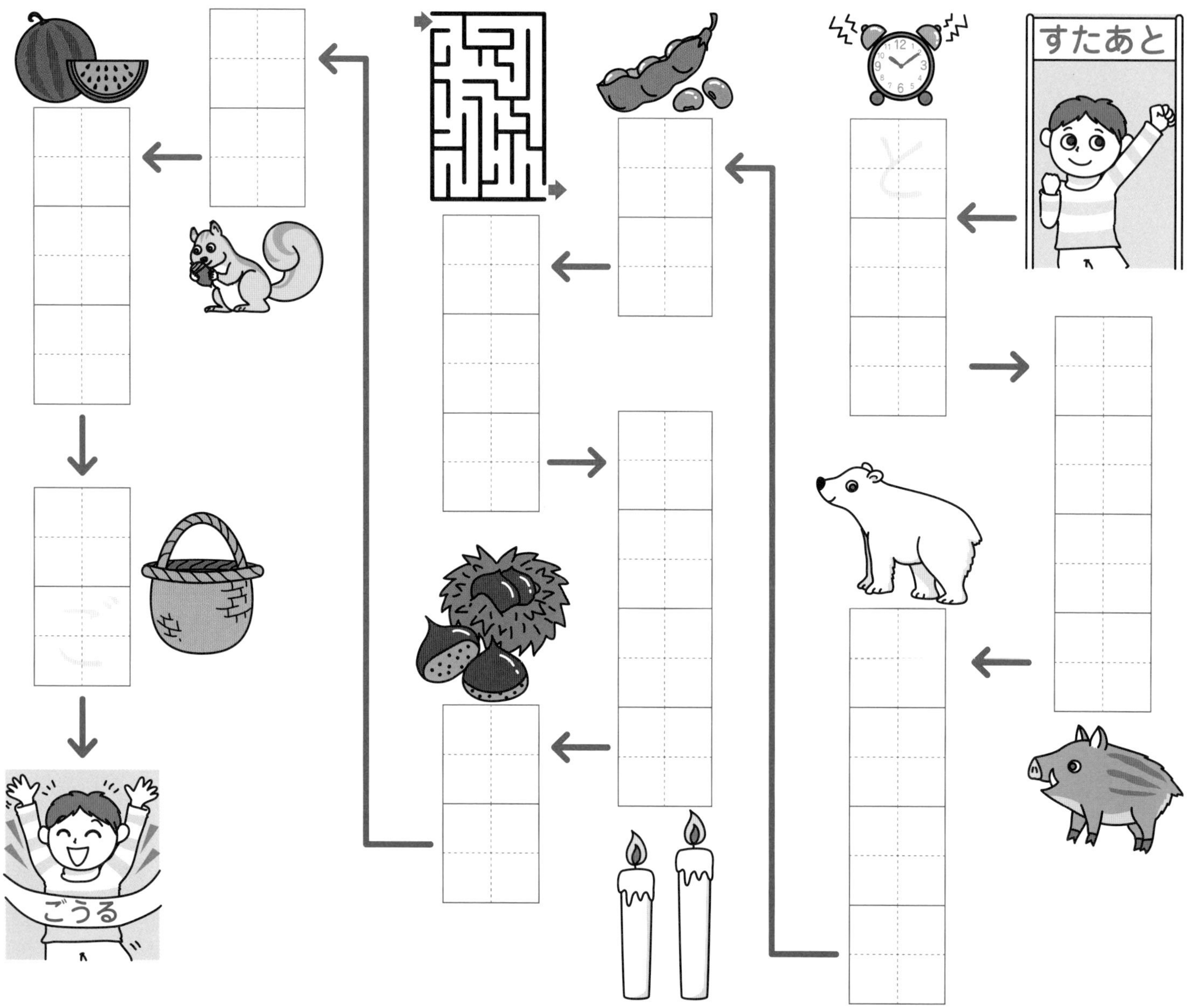

はじめのべんきょう 10。

かたかなを かこう

かたかなを かきましょう。

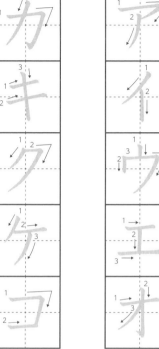

ア イ ウ エ オ

カ キ ク ケ コ

サ シ ス セ ソ

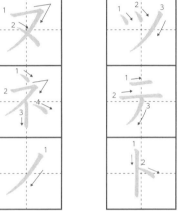

タ チ ツ テ ト

ナ ニ ヌ ネ ノ

ハ ヒ フ ヘ ホ

ひとつの ますの なかに ひともじが はいるよ。

おうちの方へ

ひらがなとの違いに気をつけながら、丁寧に書きましょう。

がつ にち

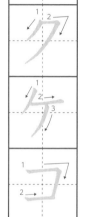

はじめの べんきょう 11。

かたかなを かこう

がつ　にち

かたかなを　かきましょう。

マ ミ ム メ モ

ヤ （イ） ユ （エ） ヨ

ラ リ ル レ ロ

ワ （イ） （ウ） （エ） ヲ

ン

ちいさく　かく　じ

ャ ュ ョ ッ

「ツ」と　「ン」は　かたちが　にて　いるから　ちゅういしよう。

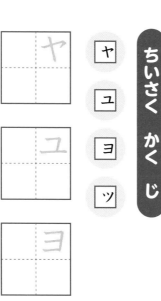

きほんのドリル 12。

かぞえうた（1）

じかん 15ふん
ごうかく80てん
/100
サクッとこたえあわせ
こたえ 85ページ
月　日

かいて おぼえよう！

114ページ

一
イチ　イツ
ひと　ひと|つ
とめる
1画　一
一口《ひとくち》　一《ひと》つ
一《いち》ばん　同一《どういつ》
一《いち》

114ページ

二
ニ
ふた　ふた|つ
とめる　ながく
2画　二 二
二《ふた》けた　二《ふた》つ
二年《にねん》　二《に》ど
二《に》

114ページ

三
サン
み　み|つ　みっ|つ
みじかく
3画　三 三 三
三日月《みかづき》　三《み》つおり
三《みっ》つ　三人《さんにん》
三《いち》

――の よみは、この ページでは ならいません。

1 よみがなを かきましょう。　40てん（一つ10）

①（　　）一つ かぞえる。

②（　　）一ばん まえ。

③（　　）二つ かぞえる。

④（　　）三つ かぞえる。

きょうかしょ 上 114ページ

← うらの ページに つづくよ！

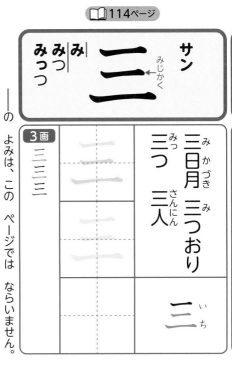

2 あてはまる　かんじを　かきましょう。

60てん（一つ10）

① □《いち》ねんせいに　なる。

② いちごを　□《ひと》つ　たべる。

③ □《に》ひきの　ねこ。

④ みかんが　□《ふた》つ　ある。

⑤ □《さん》さつの　ほんを　かりる。

⑥ □《みっ》つの　あめを　もらう。

ヒント

2
①〜⑥よこせんでかずをしめしています。
⑤・⑥まんなかのよこぼうがいちばんみじかいことにちゅうい。

きほんのドリル 13。

かぞえう た (2)

かいて おぼえよう！

📖114ページ

四　シ　よ・よ｜つ・よっ｜つ・よん

まげる

5画　四 四 四 四 四

四人《よにん》　四《よ》つかど
四《よっ》つ　四《よん》こ　四方《しほう》

四《くにがまえ》

📖114ページ

五　ゴ　いつ・いつ｜つ

ながく↓

4画　五 五 五 五

五日《いつか》　五《いつ》つ
五月《ごがつ》　五年生《ごねんせい》

五《に》

📖115ページ

六　ロク　む・む｜つ・むっ｜つ・むい

とめる

4画　六 六 六 六

六月目《むつきめ》　六《む》つ切《ぎ》り
六《むっ》つ　六日《むいか》　六月《ろくがつ》

六《は》

――のよみは、このページではならいません。

1 よみがなをかきましょう。　40てん（一つ10）

① 四つ（　　）かぞえる。

② 五つ（　　）かぞえる。

③ 五（　　）ひきのねこ。

④ 六つ（　　）かぞえる。

じかん 15ふん　ごうかく80てん　／100

サクッとこたえあわせ

こたえ 85ページ

月　日

ただしくよめたかな。

きょうかしょ 上 114～115ページ

うらのページにつづくよ！

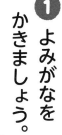

❷ あてはまる かんじを かきましょう。

60てん（一つ10）

① □《し》月《がつ》に 七《なな》さいに なった。

② □《よん》かいに すむ。

③ □《よ》にんで でかける。

④ □《ご》まいの おりがみ。

⑤ おかしを □《いつ》つ てわたす。

⑥ まいにち □《ろく》じに おきる。

ヒント ❷

①〜③「シ」「よ」「よっ（つ）」「よん」のよみかたがあります。

④・⑤よこせんは、うえよりもしたのほうがながいです。

きほんのドリル 14。

かぞえうた (3)

じかん 15ふん

ごうかく80てん　/100

サクッと こたえあわせ

こたえ 85ページ

月　日

✎ かいて おぼえよう！

📖115ページ

七　シチ　なな　なな　なの　なな　なの　なつ

（まげる）

2画　七 七

七草《ななくさ》　七《なな》つ　七日《なのか》　七月《しちがつ》

七 いち

📖115ページ

八　ハチ　や　やつ　やっつ　よう

（あける）

2画　八 八

八月《はちがつ》　八《やっ》つ　八日《ようか》　八《や》えざくら

八 はち

―の よみは、この ページでは ならいません。

1 よみがなを かきましょう。　40てん（一つ10）

① 七つ かぞえる。

② 七ひきの やぎ。

③ 八つ かぞえる。

④ 八にん そろう。

ていねいに かこう。

いろいろな よみかたが あります。

← うらの ページに つづくよ！

2 あてはまる　かんじを　かきましょう。

60てん（一つ10）

① よるの　□《しち》じに　なる。

② はるの　□《なな》くさを　つむ。

③ □《なな》つの　たんじょうび。

④ □《はち》だいの　くるまが　とおる。

⑤ おはじきを　□《はち》こ　ならべる。

⑥ □《やっ》つ　かぞえて　めを　あける。

ヒント

2
①「ひち」ではなく「しち」とよみます。
④・⑤「はち」は、あとに「さ・し・す・せ・そ」がつづくと、「はっ」となります。

きほんのドリル 15。

かぞえうた (4)

じかん 15ふん
ごうかく80てん
／100
サクッと こたえ あわせ
こたえ 85ページ
月　日

かいて おぼえよう！

115ページ

九
キュウ　ク
ここの　ここの-つ
はねる
2画　九　九
九日《ここのか》　九つ《ここの》
九こ《きゅう》　九月《くがつ》
九《おっ》

115ページ

十
ジュウ　ジッ（ジュッ）
と　とお
とめる
2画　十　十
十日《とおか》　十人十色《じゅうにんといろ》
十月《じゅうがつ》　十回《じっかい》
十《じゅう》

——の よみは、この ページでは ならいません。

1 よみがなを かきましょう。 40てん（一つ10）

① 九（　　）つ かぞえる。
② 九（　　）この あめ。
③ 十（　　）まで かぞえる。
④ 十（　　）だい ならぶ。

きょうかしょ 上 115ページ

どちらから さきに かくかな。

おくりがなに きを つけましょう。

うらの ページに つづくよ！

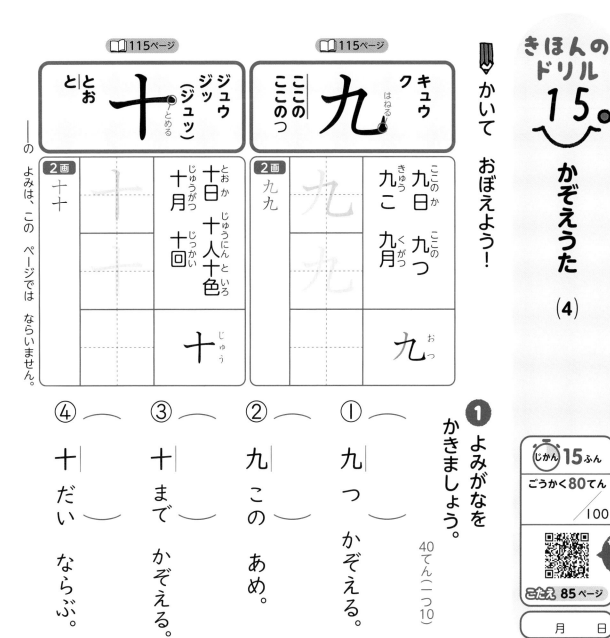

❷ あてはまる かんじを かきましょう。

60てん（一つ10）

① □《きゅう》ひきの かえる。

② □《く》がつの よていを たずねる。

③ □《ここの》つの あめだまを わける。

④ □《じゅう》がつの えんそくが たのしみだ。

⑤ □《じっ》かいに すむ ともだち。

⑥ こんげつの □《とお》かの よてい。

ヒント ❷

①～③かきじゅんにちゅうい。ひだりはらいをさきにかきます。

⑥「とうか」とならないよう、よみがなにきをつけましょう。

まとめの ドリル 16。 かぞえうた

じかん 20ぷん
ごうかく80てん
/100
サクッと こたえ あわせ
こたえ 85ページ
月　日

1 かんじの よみがなを かきましょう。 50てん（一つ5）

① 四がつと 六がつに いなかに いく。

② みかんを 三つと 五つに わける。

③ ねこを 二ひき かって いる。

④ 八だいの くるまが とまって いる。

⑤ 一わの にわとりが なく。

⑥ 九つ、十と かぞえる。

⑦ 七五三の おいわいを する。

うらの ページに つづくよ！

2 あてはまる　かんじを　かきましょう。〔　〕には　かんじと　ひらがなを　かきましょう。

50てん（一つ5）

① □《よ》にんで　わに　なって　あそぶ。

② 〔　　〕《むっつ》の　りんごを　かぞえる。

③ □《いち》ばんめと　□《に》ばんめに　ならぶ。

④ えんぴつが　□《じっ》ぽん　ある。

⑤ たんじょうびは　□《く》がつだ。

⑥ □《さん》ねんと　□《ご》ねんの　おにいさん。

⑦ 〔　　〕《ななつ》と　〔　　〕《やっつ》の　こども。

きほんのドリル 17

かんじの はなし (1)

じかん 15ふん
ごうかく80てん
/100
サクッと こたえあわせ
こたえ 85ページ

月　日

かいて おぼえよう！

126ページ

山 サン　やま（ながく）

3画　山山山

山男《やまおとこ》　雪山《ゆきやま》
山中《さんちゅう》　火山《かざん》
山《やま》

126ページ

木 ボク　モク　き　こ（とめる）

4画　木木木木

木戸《きど》　木《こ》かげ
土木《どぼく》　木目《もくめ》
木《き》

127ページ

川 かわ（ながく）

3画　川川川

川上《かわかみ》　川音《かわおと》
小川《おがわ》　天の川《あまのがわ》
川《かわ》

―のよみは、このページではならいません。

1 よみがなを かきましょう。　40てん（一つ10）

① 山（　　）に のぼる。

② たかい 木（　　）。

③ 木（　　）のぼりを する。

④ 川（　　）で あそぶ。

しっかり よもうね。

きょうかしょ 上 126～127ページ

うらの ページに つづくよ！

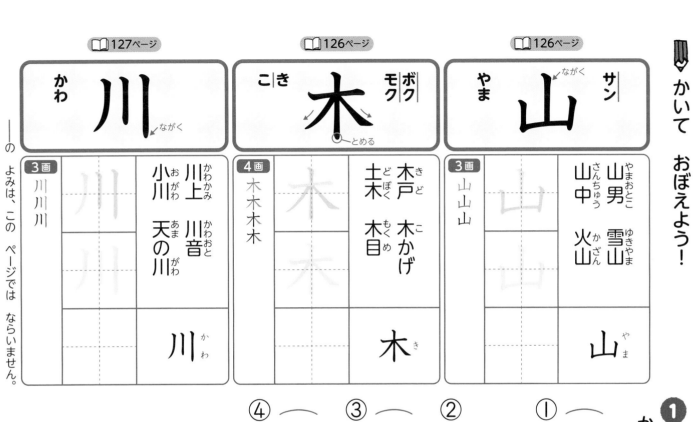

❷ あてはまる　かんじを　かきましょう。

60てん（一つ10）

① とおくの　□《やま》を　ながめる。

② ゆき□《やま》は　きれいだ。

③ まつの　□《き》を　うえる。

④ たくさんの　□《き》が　はえる。

⑤ □《かわ》の　さかなを　とる。

⑥ □《かわ》べりの　みちを　あるく。

ヒント ❷ すべて、もののかたちからできたかんじです。

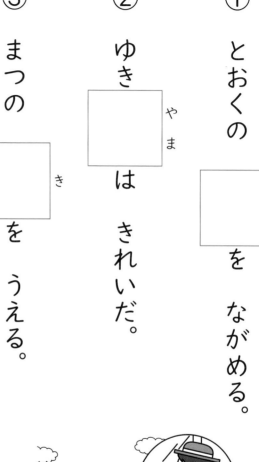

きほんのドリル 18。

かんじの はなし (2)

じかん 15ふん
ごうかく80てん
／100
サクッとこたえあわせ
こたえ 86ページ
月　日

かいて おぼえよう！

127ページ

目　モク　め　（つける）

5画　目目目目目

目先《めさき》　目玉《めだま》
目《め》あて　目《め》じり

目《め》

127ページ

月　ゲツ　ガツ　つき　（はねる）

4画　月月月月

毎月《まいつき》　月見《つきみ》
今月《こんげつ》　正月《しょうがつ》

月《つき》

―の よみは、この ページでは ならいません。

1 よみがなを かきましょう。　40てん（一つ10）

① おおきな 目（　　）。

② 目（　　）を みひらく。

③ きれいな 月（　　）。

④ 月（　　）を みる。

かけたかな？

おぼえましょう。

きょうかしょ 上 127ページ

うらの ページに つづくよ！

2 あてはまる　かんじを　かきましょう。

60てん（一つ10）

① しずかに　□《め》を　とじる。

② うす　□《め》を　あける。

③ かみに　おり　□《め》を　つける。

④ □《つき》が　そらに　でる。

⑤ □《つき》みの　おだんご。

⑥ まい　□《つき》、しあいが　ある。

「つき」の　かんじの
よこせんの　かずに
きを　つけてね。

ヒント
2 どちらも、もののかたちからできたかんじです。

きほんのドリル 19
かんじの はなし (3)

じかん 15ふん
ごうかく80てん
／100
こたえ 86ページ
サクッと こたえ あわせ
月　日

かいて おぼえよう！

128ページ

上
ジョウ
うえ・うわ・かみ
あげる・あがる
のぼる
つきでない
3画 上上上
年上《としうえ》　父上《ちちうえ》
上《あ》がる　上《あ》げる
上 いち

128ページ

下
カ・ゲ
した・しも
さげる・さがる
くだる・くだす
くださる
おろす・おりる
3画 下下下
年下《としした》　下《した》むき
下火《したび》　下町《したまち》
下 いち

—の よみは、この ページでは ならいません。

1 よみがなを かきましょう。 40てん（一つ10）

① 上（　）を むく。

② 上（　）まで のぼる。

③ 木の 下（　）に たつ。

④ 下（　）じきを つかう。

たてと よこの どちらから かくでしょう。

おぼえたかな。

きょうかしょ 上 128ページ

うらの ページに つづくよ！

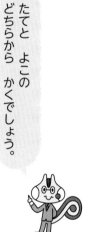

❷ あてはまる　かんじを　かきましょう。

60てん（一つ10）

① やねの　□《うえ》に　のぼる。

② つくえの　□《うえ》に　ほんを　おく。

③ □《うえ》から　ながめる。

④ しょんぼり　□《した》を　むく。

⑤ のき□《した》で　あまやどりを　する。

⑥ りょうりの　□《した》ごしらえ。

ヒント ❷

①〜③ 一ぽんせんのうえにしるしをつけて「うえ」をあらわしたかんじです。

④〜⑥ 一ぽんせんのしたにしるしをつけて「した」をあらわしたかんじです。

きほんのドリル 20。

サラダで げんき (1)

じかん 15ふん
ごうかく80てん
/100
サクッと こたえあわせ
こたえ 86ページ
月　日

かいて おぼえよう！

8ページ

中
チュウ
ジュウ
なか
とめる
4画
中中中中
中《なか》ゆび　まん中《なか》
中間《ちゅうかん》　空中《くうちゅう》
中《ぼう》　たてぼう

8ページ

大
ダイ
タイ
おお
おお　きい
おお　いに
つける
3画
大大大
大空《おおぞら》　大《おお》きい
大金《たいきん》　大会《たいかい》
大《だい》

8ページ

入
ニュウ
い　る
い　れる
はい　る
つき出ない
2画
入入
入《い》る　入《い》れる　入《はい》る
入学《にゅうがく》　記入《きにゅう》
入《いる》

――の よみは、この ページでは ならいません。

1 よみがなを かきましょう。　40てん(一つ10)

① 中を しらべる。
② 大きな りんご。
③ なかまに 入る。
④ ふくろに 入れる。

きょうかしょ 下 8ページ

うらの ページに つづくよ！

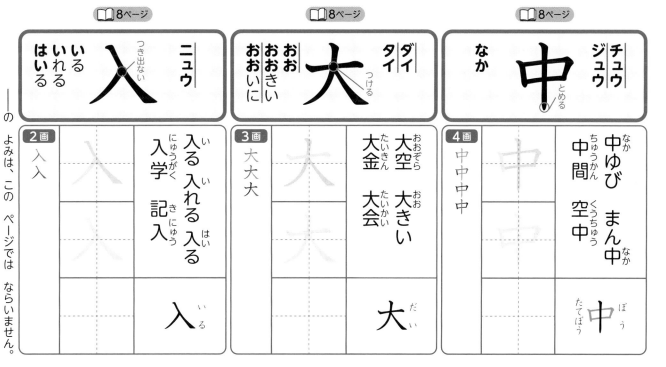

❷ あてはまる　かんじを　かきましょう。

60てん（一つ10）

①　ゆっくり　□《なか》へ　すすむ。

②　いきなり　□《おお》きい　こえを　だす。

③　□《おお》きな　ゆめが　ある。

④　じぶんの　きょうしつに　□《はい》る。

⑤　小《ちい》さな　ふくろに　□《い》れる。

⑥　□《い》りぐちは　ここだ。

ヒント
❷
②・③「大」は、「一」をはじめにかきます。
④～⑥「入」は、「はい（る）」とよむときと「い（れる）」とよむときがあります。

きほんの ドリル 21

サラダで げんき (2)

じかん 15ふん
ごうかく 80てん
/100
サクッと こたえ あわせ
こたえ 86ページ
月 日

よんで おぼえよう！

●…よみかたが あたらしい かんじ
＝…おくりがな

教10ページ
大
ダイ タイ
おお おおきい おおいに

かいて おぼえよう！

10ページ
犬
ケン
いぬ
はらう
4画
犬犬犬犬
犬《いぬ》ぞり　のら犬《いぬ》
子《こ》犬《いぬ》
犬《いぬ》

12ページ
小
ショウ
ちいさい こ お
とめる
はねる
3画
小小小
小《ちい》さい　小《こ》石《いし》
小《しょう》食《しょく》　小《しょう》学《がっ》校《こう》
小《しょう》

14ページ
白
ハク
しろ しら しろい
つける
5画
白白白白白
まっ白《しろ》　白《しろ》色《いろ》
白《しろ》い
白《しろ》

——の よみは、この ページでは ならいません。

1 よみがなを かきましょう。 40てん(一つ10)

① 犬が ほえる。
② 小さな おと。
③ 白くまの こども。
④ 白い いき。

しっかり よもう。

← うらの ページに つづくよ！

2 あてはまる　かんじを　かきましょう。

60てん（一つ10）

①　□《いぬ》を　二ひき　かう。

②　□《いぬ》ぞりで　すすむ。

③　くつが　□《ちい》さく　なる。

④　□《ちい》さな　いすに　すわる。

⑤　□《しろ》と　くろの　えのぐ。

⑥　□《しろ》い　かみに　かく。

ヒント

2

③・④「大」とはんたいのいみのかんじです。

⑤・⑥上の「丶」をわすれないようにしましょう。

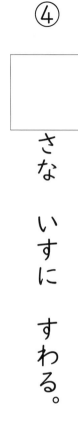

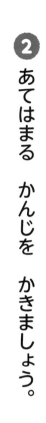

きほんのドリル 22。

サラダで げんき (3)

じかん 15ふん
ごうかく80てん
／100
こたえ 86ページ
サクッとこたえあわせ
月　日

かいて おぼえよう！

14・17ページ

出　シュツ　でる　だす
つきでない
5画　出出出出出
出《で》る　出《だ》す
出口《でぐち》　手出《てだ》し
出《うけばこ》

16ページ

力　リョク　リキ　ちから
はねる
2画　カカ
力《ちから》こぶ　そこ力《ぢから》
力《ちから》もち　力《ちから》わざ
力《ちから》

——の よみは、この ページでは ならいません。

ていねいに かきましょう。

1 よみがなを かきましょう。

40てん（一つ10）

① おとを 出す。
② へやを 出る。
③ 力づよい こえ。
④ 力を 入れる。

よみかたが ちがうね。

きょうかしょ 下 14～17ページ

うらの ページに つづくよ！

❷ あてはまる かんじを かきましょう。

60てん（一つ10）

① 大きな こえを □《だ》す。

② いけんを □《だ》しあう。

③ いえの そとに □《で》る。

④ うでの □《ちから》が つよい。

⑤ □《ちから》くらべを する。

⑥ □《ちから》いっぱい がんばる。

ヒント ❷
①～③一ぽんのせんからあしがでているかたちをえがいたかんじです。
④～⑥二かく目は、上につきでます。

まとめの ドリル 23。

かんじの はなし サラダで げんき

じかん 20ぷん

ごうかく80てん

／100

サクッと こたえ あわせ

こたえ 86ページ

月　日

1 かんじの よみがなを かきましょう。

50てん（一つ5）

①（　）山の（　）ように 大きい いわ。

②（　）川で さかなを つかまえる。

③ じょうずに（　）木に のぼる。

④ きれいな（　）月が（　）出て いる。

⑤ テーブルの（　）上に りんごが ある。

⑥ いえの（　）中に（　）入る。

⑦（　）白いろの クレヨンを かう。

きょうかしょ 上126～下17ページ

← うらの ページに つづくよ！

2 あてはまる　かんじを　かきましょう。〔　〕には　かんじと　ひらがなを　かきましょう。

50てん(一つ5)

① すべての　□《ちから》を　〔　　〕《だす》。

② 〔　　〕《ちいさな》かばんを　もつ。

③ □《め》の　まえに　□《おお》ぞらが　ひろがる。

④ 〔　　〕《しろい》□《いぬ》を　かって　いる。

⑤ ほめられて　〔　　〕《おおいに》はりきる。

⑥ つくえの　□《した》に　かくれる。

⑦ はこに　おかしを　〔　　〕《いれる》。

きほんのドリル 24.

なにに 見えるかな (1)

じかん 15ふん
ごうかく 80てん
／100
サクッと こたえ あわせ
こたえ 86ページ
月　日

かいて おぼえよう!

30ページ

見　ケン　み る　み える　み せる　（はねる）
7画　見見見見見見見
見《み》る　見《み》える　見《み》せる　見《み》ばえ
見（みる）

30ページ

先　セン　さき　（はねる）
6画　先先先先先先
先生《せんせい》　先見《せんけん》　先決《せんけつ》
先（ひとあし・にんにょう）

30ページ

生　セイ　ショウ　いきる・いかす　いける　うまれる・うむ　はえる　はやす・なま　（ながく）
5画　生生生生生
学生《がくせい》　生《い》きる　生《う》む　生《は》える
生（うまれる）

――の よみは、この ページでは ならいません。

1 よみがなを かきましょう。　40てん（一つ10）

① ちかくに 見える。
② 見かたを かえる。
③ 先生の はなし。
④ いなかの 生かつ。

おぼえよう。

きょうかしょ 下30ページ

うらの ページに つづくよ!

2 あてはまる　かんじを　かきましょう。

60てん（一つ10）

① とおくに　山が　□《み》える。

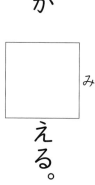

② まどの　そとを　□《み》る。

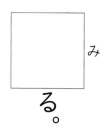

③ れんらくちょうを　□《み》せる。

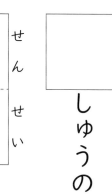

④ □《せん》しゅうの　はじめ。

⑤ □《せん》□《せい》に　たずねる。

⑥ 一ねん□《せい》の　きょうかしょ。

ヒント 2

①〜③「目」を「日」としないように、きをつけましょう。

⑤・⑥つちの中からくさや木のめが、いきいきと出てくるようすをあらわしたかんじです。

きほんのドリル 25

なにに 見《み》えるかな (2)
よう日《び》と 日《ひ》づけ (1)

じかん 15ふん

ごうかく80てん

/100

サクッと こたえ あわせ

こたえ 86ページ

月　日

かいて おぼえよう！

35ページ

気 キ ケ　（はねる）

6画

気気気気気気

気力《きりょく》　気分《きぶん》
空気《くうき》　大気《たいき》

気《きがまえ》

36ページ

日 ニチ ジツ ひ か　（つきでない）

4画

日日日日

夕日《ゆうひ》　日《ひ》あたり
日時《にちじ》

日《ひ》

36ページ

火 カ ひ　（はらう）

4画

火火火火

すみ火《び》　花火《はなび》
火曜日《かようび》　点火《てんか》

火《ひ》

——の よみは、この ページでは ならいません。

よんで おぼえよう！

●…よみかたが あたらしい かんじ

教36ページ

月 ゲツ ガツ つき

1 よみがなを かきましょう。　40てん（一つ10）

① たのしい 気 もち。

② 日 よう日

③ 火 よう日

④ 月 よう日

いろいろな よみかたが あるね。

きょうかしょ 下 35〜36ページ

うらの ページに つづくよ！

2 あてはまる　かんじを　かきましょう。

60てん（一つ10）

① きょうの　てん□《き》。

② ゆう□《ひ》が　きれいだ。

③ □《にち》ようの　よてい。

④ □《ひ》を　つけて　あたためる。

⑤ すみ□《び》で　あたためる。

⑥ □《か》じに　ちゅういする。

ヒント **2** ④〜⑥もののかたちからできたかんじです。

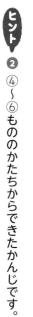

きほんのドリル 26。

よう日と 日づけ (2)

じかん 15ふん
ごうかく80てん　／100
サクッと こたえあわせ
こたえ 86ページ
月　日

✏ かいて おぼえよう！

36ページ

水　スイ　みず
はねる

4画　水 水 水 水

水《みず》あめ　水玉《みずたま》
水田《すいでん》　水分《すいぶん》

水《みず》

36ページ

金　キン｜コン　かね｜かな
ながく

8画　金 金 金 金 金 金 金 金

お金《かね》　金《かね》もち
金山《きんざん》　大金《たいきん》

金《かね》

―のよみは、このページではならいません。

👀 よんで おぼえよう！

●…よみかたが あたらしい かんじ

教36ページ
木　ボク　モク　き　こ

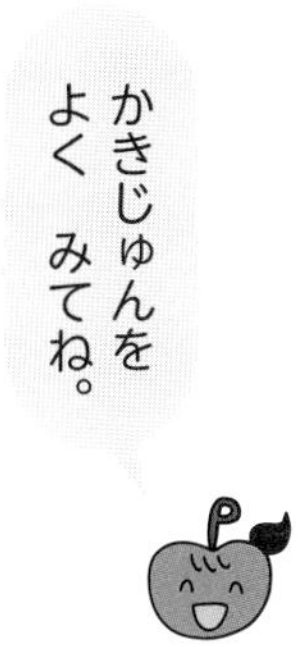

1 よみがなを かきましょう。

40てん(一つ10)

① 水よう日
② 水を まく。
③ お金を はらう。
④ 木よう日

きょうかしょ 下36ページ

うらの ページに つづくよ！

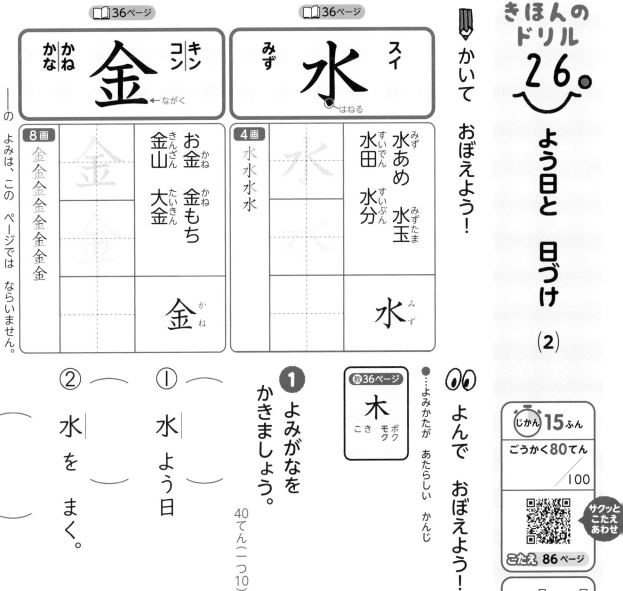

❷ あてはまる　かんじを　かきましょう。

60てん（一つ10）

① □《みず》が　ながれる。

② □《みず》あめを　なめる。

③ □《すい》えいが　とくいだ。

④ □《きん》せいの　かんさつ。

⑤ お□《かね》を　うけとる。

⑥ □《もく》よう日の　じかんわり。

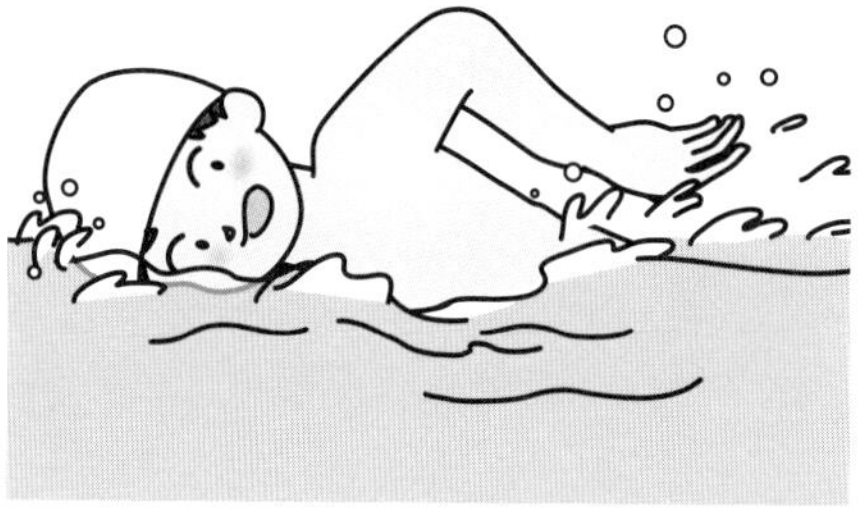

ヒント
❷ ①〜③まんなか、ひだり、みぎのじゅんにかきます。

きほんのドリル 27

よう日と 日づけ (3)

じかん 15ふん
ごうかく80てん ／100
サクッと こたえあわせ
こたえ 86ページ
月　日

かいて おぼえよう!

36ページ

土
つち　ト|ド
ながく

3画　土土土

赤土《あかつち》　土手《どて》
土《つち》あそび　土曜日《どようび》

土《つち》

―のよみは、このページではならいません。

よんで おぼえよう!

●…よみかたが あたらしいかんじ　‖…おくりがな
●…とくべつな よみかたを するかんじ

教37ページ 三 サン み みっ‖つ みっ‖つ	教37ページ 六 ロク む むっ‖つ むっ‖つ むい	教37ページ 九 キュウ ク ここ ここの ここのつ‖	教37ページ 二日 ふつか
教37ページ 日 ニチ ジツ か ひ	教37ページ 七 シチ なな なな‖つ なの	教37ページ 月 ゲツ ガツ つき	教37ページ 二十日 はつか
教37ページ 五 ゴ いつ いつ‖つ	教37ページ 八 ハチ や やっ‖つ やっ‖つ よう	教37ページ 一日 ついたち	

1 よみがなを かきましょう。　40てん（一つ8）

① 土（　　）を ほりかえす。

② 三日目（　　）に なる。

③ 五月（　　）一日（　　）と、二日（　　）。

④ 三月（　　）うまれ。

うらの ページに つづくよ!

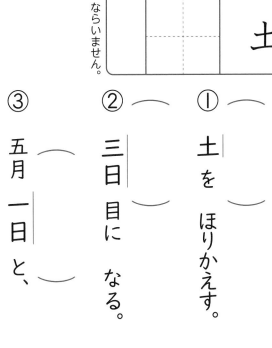

❷ あてはまる　かんじを　かきましょう。

60てん（一つ10）

① □《ど》よう日の　あさに　なる。

② □□《いつか》に　しゅっぱつする。

③ □□《むいか》目を　むかえる。

④ 一しゅうかんは　□□《なのか》ある。

⑤ 七月□□《ここのか》。

⑥ 十一月□《はつか》。

ヒント ❷ ①もののかたちからできたかんじです。

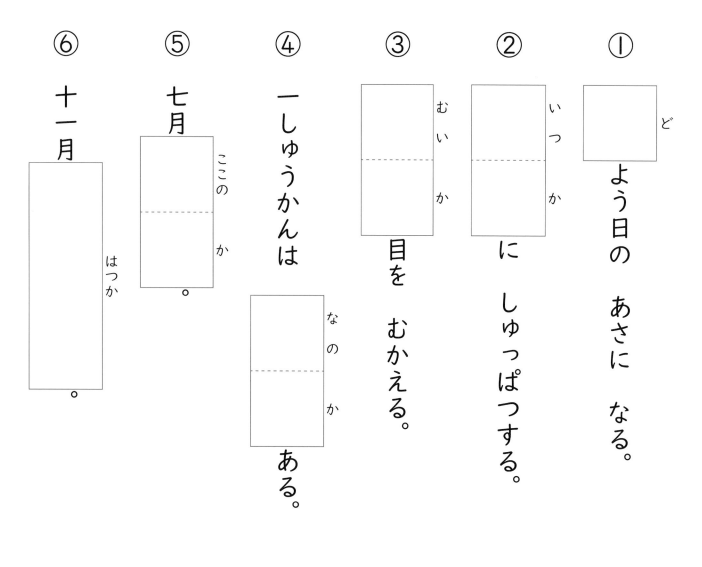

きほんのドリル 28

はっけんしたよ (1)

じかん 15ふん
ごうかく80てん
/100
サクッと こたえあわせ
こたえ 86ページ

月　日

かいて おぼえよう!

38ページ

花 カ / はな （はねる）
7画
花花花花花花花
花火《はなび》　花《はな》びら
花《はな》たば　野花《のばな》
花 くさかんむり

38ページ

文 ブン・モン・（モ） （つける）
4画
文文文文
文学《ぶんがく》　文明《ぶんめい》
作文《さくぶん》　文才《ぶんさい》
文 ぶん

——の よみは、この ページでは ならいません。

おぼえたかな。

よんで おぼえよう!

●…よみかたが あたらしい かんじ
‖…おくりがな

教38ページ
生 セイ・ショウ
い‖きる・い‖かす・い‖ける
う‖まれる・う‖む・は‖える
は‖やす・なま

1 よみがなを かきましょう。 40てん(一つ10)

① 花（　）が さく。

② 生（　）きものを かう。

③ ながい 文（　）しょう。

④ 文（　）を かく。

← うらの ページに つづくよ!

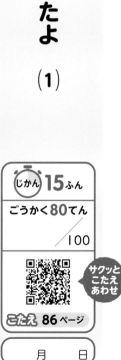

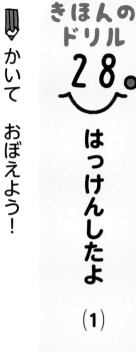

2 あてはまる　かんじを　かきましょう。

60てん（一つ10）

① きれいな　□《はな》かご。

② うみに　すむ　□《い》きもの。

③ なが□《い》きした　ねこ。

④ とくいな　ことを　□《い》かす。

⑤ ながい　□《ぶん》を　よむ。

⑥ ふるい　□《ぶん》がくに　ついて　まなぶ。

ヒント

2 ①上のぶぶんは「しょくぶつ」をあらわします。

きほんのドリル 29

はっけんしたよ ひらがなを つかおう (2)

1

じかん 15ふん
ごうかく80てん
／100
サクッとこたえあわせ
こたえ 86ページ
月　日

かいて おぼえよう！

39ページ
音 オン　おと　ね（つける）
9画
音音音音音音音音音
足音《あしおと》　雨音《あまおと》
音楽《おんがく》　高音《こうおん》
音《おと》

41ページ
町 チョウ　まち（はねる）
7画
町町町町町町町
町角《まちかど》　下町《したまち》
となり町《まち》
町《たへん》

42ページ
字 ジ（はねる）
6画
字字字字字字
数字《すうじ》　かん字《じ》
赤字《あかじ》　字体《じたい》
字《こ》

—の よみは、この ページでは ならいません。

1 よみがなを かきましょう。　40てん（一つ10）

① 音を きく。
② ちかくの 町。
③ 下町で くらす。
④ かん字を かく。

おぼえたかな。

きょうかしょ 下 39～42ページ

うらの ページに つづくよ！

❷ あてはまる　かんじを　かきましょう。

60てん（一つ10）

① 大きな　□《おと》を　立《た》てる。

② あし□《おと》が　きこえる。

③ わたしの　すむ　□《まち》。

④ □□《したまち》で　うまれる。

⑤ きれいな　□《じ》を　かく。

⑥ かん□《じ》の　べんきょうを　する。

「おと」の　かん字の
よこせんの　ながさに
ちゅうい　しましょう。

ヒント

❷ ①下のぶぶんは「ロ」ではなく「日」です。

まとめのドリル30。

なにに 見えるかな～ ひらがなを つかおう 1

じかん 20ぷん
ごうかく80てん
/100
サクッと こたえあわせ
こたえ 86ページ
月　日

1 かん字の よみがなを かきましょう。　50てん（一つ5）

① 一日（　　）と 二日（　　）は おやすみだ。

② 先生（　　）の はなしを きく。

③ かん字（　　）の れんしゅうを する。

④ きれいな 三日月（　　）が 見（　　）える。

⑤ 土（　　）の 中から 音（　　）が きこえる。

⑥ おかしを かって お金（　　）を はらう。

⑦ 九日（　　）は おまつりが ある。

←うらの ページに つづくよ！

2 あてはまる かん字を かきましょう。〔　〕には かん字と ひらがなを かきましょう。 50てん（一つ5）

① □《すい》よう日と □《きん》よう日に 出かける。

② みちばたの 小さな □《はな》に □《き》づく。

③ ながい □《ぶん》を よむ。

④ □《みず》を かけて □《ひ》を けす。

⑤ わたしたちの すむ □《まち》。

⑥ □《げつ》よう日に かいものに いく。

⑦ とくいな ことを 〔　〕《いかす》。

きほんの ドリル 31。

いろいろな ふね

じかん 15ふん
ごうかく 80てん
／100
サクッと こたえあわせ
こたえ 86ページ
月　日

かいて おぼえよう！

44ページ

人 ジン ニン ／ ひと （はらう）

2画

人人

人手《ひとで》 人目《ひとめ》 人生《じんせい》 名人《めいじん》 人形《にんぎょう》

人《ひと》

44ページ

休 キュウ ／ やすむ やすまる やすめる （とめる）

6画

休休休休休休

休《やす》む 休《やす》まる 休《やす》める 昼休《ひるやす》み

休《にんべん》

46ページ

車 シャ ／ くるま （ながく）

7画

車車車車車車車

糸車《いとぐるま》 口車《くちぐるま》 かた車《ぐるま》 車《しゃ》りん

車《くるま》

―の よみは、この ページでは ならいません。

1 よみがなを かきましょう。 40てん（一つ10）

① 人（　）を はこぶ。

② へやで 休（　）む。

③ 白い じどう車（　）。

④ 車（　）に のる。

うらの ページに つづくよ！

2 あてはまる かん字を かきましょう。

60てん（一つ10）

① たくさんの □《ひと》が あつまる。

② かぜで しごとを □《やす》む。

③ ようやく 気もちが □《やす》まる。

④ しずかに からだを □《やす》める。

⑤ しょうぼう□《しゃ》を けんがくする。

⑥ おもちゃの □《くるま》で あそぶ。

ヒント 2

②〜④「休」のひだりのぶぶんは「人」をあらわします。

⑤・⑥「車」のたてぼうはさいごにかきます。

「のりものカード」を つくろう すきな きょうかを はなそう

じかん 15ふん

ごうかく80てん ／100

サクッと こたえ あわせ

こたえ 87ページ

月　日

かいて おぼえよう！

52ページ

本　ホン　もと

あける

5画　本本本本本

本日《ほんじつ》　見本《みほん》

二本《にほん》　手本《てほん》

本　き

58ページ

学　ガク　まなぶ

はねる

8画　学学学学学学学学

学校《がっこう》　文学《ぶんがく》

学生《がくせい》　学年《がくねん》

学　こ

58ページ

校　コウ

とめる

10画　校校校校校校校校校校

校《こう》しゃ　校長《こうちょう》

休校《きゅうこう》　校《こう》てい

校　きへん

―の よみは、この ページでは ならいません。

よんで おぼえよう！

●…よみかたが あたらしい かん字

教60ページ

音　オン　おと　ね

1 よみがなを かきましょう。　40てん（一つ10）

① 本（　　）を よむ。

② 学生（　　）ふくを きる。

③ 学校（　　）に いく。

④ 音（　　）がくを きく。

きょうかしょ 下 52〜60ページ

うらの ページに つづくよ！

❷ あてはまる　かん字を　かきましょう。

60てん（一つ10）

① この　□《ほん》は　おもしろい。

② えんぴつが　□□《にほん》　ある。

③ □□《がっこう》に　あるいて　かよう。

④ □□《がくせい》の　ころの　きおく。

⑤ □《こう》ていで　ともだちと　あそぶ。

⑥ ピアノの　□《おん》がくを　えんそうする。

ヒント ❷ ①・②「本」を「木」とまちがえないようにしましょう。③・④「学」の上のぶぶんを「宀」にしないようにしましょう。

きほんのドリル 33。

おとうとねずみ チロ (1)

じかん 15ふん

ごうかく80てん

/100

サクッと こたえ あわせ

こたえ 87ページ

月　日

かいて おぼえよう！

70ページ

手 シュ / て（はねる）

4画　手手手手

手《て》紙《がみ》　手《て》本《ほん》　右《みぎ》手《て》
手《しゅ》記《き》　手《しゅ》話《わ》　手《しゅ》中《ちゅう》

手《て》

71ページ

赤 セキ / あか　あかい　あからむ　あからめる（はねる）

7画　赤赤赤赤赤赤赤

赤《あか》い　赤《あか》字《じ》
赤《あか》らむ　赤《せき》道《どう》

赤《あか》

71ページ

青 セイ / あお　あおい（とめる・はねる・とめる）

8画　青青青青青青青青

青《あお》空《ぞら》　青《あお》白《じろ》い
青《あお》い　青《せい》年《ねん》　青《せい》春《しゅん》

青《あお》

―の よみは、この ページでは ならいません。

1 よみがなを かきましょう。　40てん（一つ10）

① 手（　　）がみが とどく。

② 手（　　）を たたく。

③ 赤（　　）い くつ。

④ 青（　　）い ぼうし。

「赤」の 下は、さきに うちがわの 二本の せんを かきます。

きょうかしょ 下 70～71ページ

うらの ページに つづくよ！

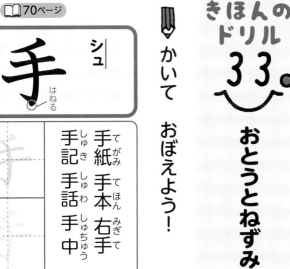

2 あてはまる　かん字を　かきましょう。

60てん（一つ10）

① ともだちと　□《て》を　つなぐ。

② 先生が　□□《てほん》を　見せる。

③ □《あか》の　いろえんぴつ。

④ かおを　□《あか》らめる。

⑤ □《あお》ぞらが　ひろがる。

⑥ □《あお》い　くつを　はく。

ヒント 2

③・④下のぶぶんのかきじゅんにちゅういしましょう。

⑤・⑥上をつき出すことにちゅういしましょう。

きほんのドリル 34。

おとうとねずみ チロ (2)

じかん 15ふん
ごうかく80てん
／100
サクッとこたえあわせ
こたえ 87ページ
月　日

かいて　おぼえよう！

72ページ

名　メイ　ミョウ　な　（あける）

6画　名名名名名名

名前《なまえ》　名《な》ふだ
名人《めいじん》　名文《めいぶん》　名字《みょうじ》

名《くち》

74ページ

立　リツ　たつ　たてる　（ながく）

5画　立立立立立

立《た》つ　立《た》てる
立春《りっしゅん》　中立《ちゅうりつ》

立《たつ》

76ページ

口　コウ　ク　くち　（でる）

3画　口口口

早口《はやくち》　出口《でぐち》　人口《じんこう》
火口《かこう》　口《く》ちょう

口《くち》

―の　よみは、この　ページでは　ならいません。

よんで　おぼえよう！

●…よみかたが　あたらしい　かん字
＝…おくりがな

教76ページ
上　ジョウ　うえ・うわ・かみ　あげる・あがる　のぼる

1 よみがなを　かきましょう。　40てん（一つ10）

①（　）名　まえを　よぶ。

②山の　上に　立つ。（　）

③先生が　こえを　はり　上げる。（　）

④みせの　入り口。（　）

きょうかしょ　下72〜76ページ

うらの　ページに　つづくよ！

2 あてはまる　かん字を　かきましょう。

60てん（一つ10）

①　□《な》まえを　たずねる。

②　手がみの　あて□《な》を　かく。

③　まっすぐに　□《た》つ。

④　かんばんを　□《た》てる。

⑤　大ごえを　□《あ》げる。

⑥　□《くち》を　大きく　あける。

ヒント

2　③・④上の「てん」をわすれないようにしましょう。
⑥「口」は、もののかたちからできたかん字です。

きほんのドリル 35。

おとうとねずみ チロ (1)(3)
かん字を つかおう 1 (1)

じかん 15ふん
ごうかく80てん
/100

サクッと こたえ あわせ
こたえ 87ページ

月　日

かいて おぼえよう！

77ページ

耳 みみ　（つきでる）
6画　耳耳耳耳耳耳
耳《みみ》もと　耳《みみ》うち　空耳《そらみみ》　早耳《はやみみ》
耳《みみ》

83ページ

女 ジョ　おんな　（つき出る）
3画　女女女
女手《おんなで》　雪女《ゆきおんな》　女子《じょし》　女王《じょおう》　少女《しょうじょ》　長女《ちょうじょ》
女《おんな》

83ページ

子 シ　ス　こ　（はねる）
3画　子子子
子《こ》ども　子犬《こいぬ》　子弟《してい》　王子《おうじ》　様子《ようす》
子《こ》

—のよみは、このページではならいません。

よんで おぼえよう！

●…よみかたが あたらしい かん字
‖…おくりがな

小（教77ページ）　ショウ　ちい‖さい　こ　お
人（教79ページ）　ジン　ニン　ひと

1 よみがなを かきましょう。　40てん（一つ10）

① 小（　）さな 女（　）の子。
② 子（　）どもを まもる。
③ 耳（　）を すます。
④ 小（　）とりが とぶ。

うらの ページに つづくよ！

❷ あてはまる　かん字を　かきましょう。

60てん（一つ10）

① うさぎの　□《みみ》は　ながい。

② □《おんな》の　□《こ》が　うまれる。

③ ふうふで　□《こ》そだてを　する。

④ さるの　おや□《こ》。

⑤ □《こ》づつみが　とどく。

⑥ アメリカ□《じん》の　だんたい。

「みみ」の　かん字の　かきかたに　気を　つけてね。

ヒント ❷

①つき出すところと　とめるところに　ちゅういしましょう。

④・⑤どちらも「こ」とよみますが、ちがうかん字です。

きほんのドリル 36。

かん字を つかおう 1 (2) すきな おはなしは なにかな

じかん 15ふん
ごうかく 80てん
／100
サクッと こたえ あわせ
こたえ 87ページ
月　日

かいて おぼえよう！

83ページ

男　ダン　ナン　おとこ　（はねる）

7画　男男男男男男男

大男《おおおとこ》　山男《やまおとこ》　男手《おとこで》
男子《だんし》　男女《だんじょ》　長男《ちょうなん》

男《た》

85ページ

年　ネン　とし　（つき出ない）

6画　年年年年年年

年少《ねんしょう》　年上《としうえ》
年下《としした》　半年《はんとし》

年《かん》（いちじゅう）

——の よみは、この ページでは ならいません。

1 よみがなを かきましょう。　40てん（一つ10）

① 男の子
② 二年生に なる。
③ 一年の おもいで。
④ だい名を かく。

よんで おぼえよう！

●…よみかたが あたらしい かん字

教85ページ
名　メイ　ミョウ　な

ていねいに かけましたか。

きょうかしょ 下 83～85ページ

うらの ページに つづくよ！

2 あてはまる　かん字を　かきましょう。

60てん（一つ10）

①　小さな　□《おとこ》の□《こ》。

②　力もちの　□□《おおおとこ》。

③　□□□《さんねんせい》の　おにいさん。

④　らい□《ねん》の　けいかくを　立てる。

⑤　本の　だい□《めい》を　ともだちに　おしえる。

⑥　□《めい》さくと　よばれる　ものがたり。

ヒント
2
①・②「田《た》」で「力」を出す、とおぼえましょう。
③・④「年」は、たてぼうをさいごにかきます。

ふゆやすみのホームテスト
37
九月から 十二月に ならった かん字と ことば

じかん 20ぷん
ごうかく80てん
／100

サクッと こたえあわせ
こたえ 87ページ

月　日

1 かん字の よみがなを かきましょう。 25てん（一つ5）

① 名（　　）まえを かん字（　　）で かく。

② 四年生（　　）の おにいさん。

③ 休（　　）みの 日に 車（　　）で 出かける。

2 あてはまる かん字を かきましょう。 25てん（一つ5）

① □《こう》しゃの そうじを する。

② □《て》を □《みみ》に あてる。

③ □《あか》と □《あお》の ふく。

うらの ページに つづくよ！

3 かたちの にた かん字を □に かきましょう。 30てん（一つ5）

①
あ □《おお》きな おにぎりを たべる。
い □《いぬ》の さんぽを する。

②
あ あには ちゅう□《がく》生だ。
い ていねいに □《じ》を かく。

③
あ むずかしい □《ほん》を よむ。
い □《き》の かげで 休む。

4 かん字の よみがなを かきましょう。 20てん（一つ5）

①
あ 日本人（　　）
い 人（　　）あたり

②
あ 名（　　）ふだ
い 名（　　）さく

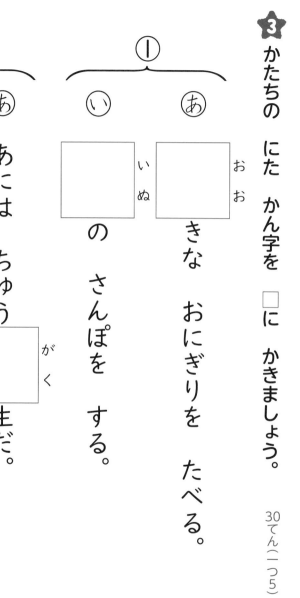

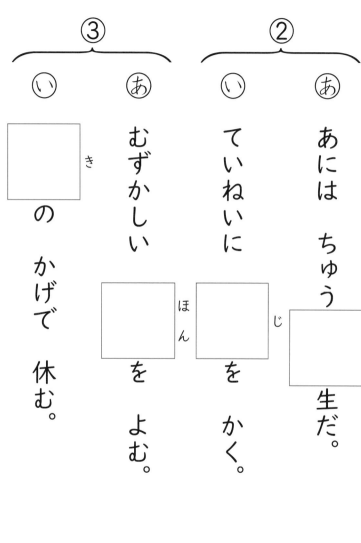

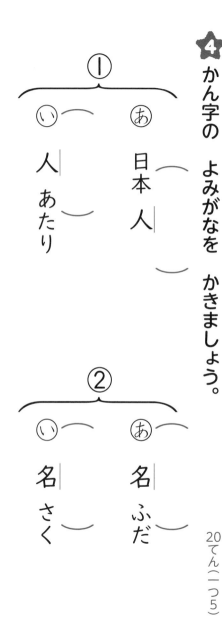

きほんのドリル 38。

むかしばなしを たのしもう
おはなしを かこう
子どもを まもる どうぶつたち

じかん 15ふん
ごうかく 80てん
／100

サクッと こたえ あわせ

こたえ 87ページ

月　日

かいて おぼえよう！

97ページ

村　ソン　むら　（はねる）　7画

村人《むらびと》　村《むら》まつり　村長《そんちょう》　山村《さんそん》

村（きへん）

村村村村村村村

108ページ

早　ソウ　はやい　はやまる　はやめる　（とめる）　6画

早《はや》い　早《はや》まる　早《はや》める　早春《そうしゅん》

早（ひ）

早早早早早早

108ページ

足　ソク　あし　たりる　たる　たす　（はらう）　7画

足音《あしおと》　足《た》りる　足《た》る　足《た》す　遠足《えんそく》　土足《どそく》

足（あし）

足足足足足足足

―の よみは、この ページでは ならいません。

よんで おぼえよう！

●…よみかたが あたらしい かん字
＝…おくりがな

教91ページ

生　セイ　ショウ　いきる・いかす・いける　うまれる・うむ・はえる　はやす・なま

教96ページ

大　ダイ　タイ　おお　おおきい　おおいに

教109ページ

子　こ　ス　シ

1 よみがなを かきましょう。

40てん（一つ10）

① 村の わかもの。

② あさ 早く いく。

③ 足を ふみ出す。

④ 子犬が 生まれる。

うらの ページに つづくよ！

2 あてはまる かん字を かきましょう。

60てん（一つ10）

① ふゆに おとうとが □《う》まれる。

② サッカーの □《たい》かいに 出る。

③ □《むら》□《びと》に みちを たずねる。

④ □《し》そんを のこす。

⑤ □《はや》い じかんに おきる。

⑥ □《あし》が いたく なる。

ヒント ② ③「村」は、さいごの「てん」をわすれないようにしましょう。

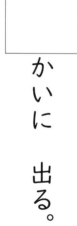

小学校の ことを しょうかいしよう かん字を つかおう 3 (1)

じかん 15ふん
ごうかく80てん ／100
サクッとこたえあわせ
こたえ 87ページ
月　日

よんで おぼえよう！

●…よみかたが あたらしい かん字
‖…おくりがな

教116ページ 小 ショウ ちい‖さい こ お	教117ページ 足 ソク あし た‖りる た‖る た‖す
教116ページ 入 ニュウ い‖る い‖れる はい‖る	教118ページ 手 シュ て

かいて おぼえよう！

120ページ
右 ウ ユウ みぎ はらう 5画
右手《みぎて》　右足《みぎあし》
右《う》せつ　左右《さゆう》
右 くち
右右右右右

120ページ
左 サ ひだり はらう 5画
左手《ひだりて》　左足《ひだりあし》
左《ひだり》きき　左《さ》せつ
左 たくみ え
左左左左左

120ページ
田 デン た まんなか 5画
田《た》うえ　田《た》はた
青田《あおた》　田園《でんえん》　水田《すいでん》
田 た
田田田田田

―のよみは、このページではならいません。

1 よみがなを かきましょう。 40てん（一つ10）

① 右に まがる。
② 左手で つかむ。
③ 田うえの きせつ。
④ えん足に いく。

きょうかしょ 下 116～120ページ

うらの ページに つづくよ！

❷ あてはまる かん字を かきましょう。

60てん（一つ10）

① □《しょう》□《がく》□《せい》の 男の子。

② □《にゅう》□《がく》しきに むかう。

③ かたく あく□《しゅ》する。

④ □《みぎ》□《て》を あげる。

⑤ おとうとは □《ひだり》ききだ。

⑥ みんなで □《た》うえを する。

ヒント ❷④・⑤ 一かく目と二かく目がはんたいになります。

きほんのドリル 40。

かん字を つかおう 3 (2)

じかん 15ふん
ごうかく80てん　/100
サクッと こたえ あわせ
こたえ 87ページ
月　日

かいて おぼえよう！

120ページ

千 セン　ち　（ななめ）

3画　千千千

千人《せんにん》　千円《せんえん》
千代紙《ちよがみ》　千鳥《ちどり》

千《じゅう》

120ページ

百 ヒャク　（ながく）

6画　百百百百百百

百人《ひゃくにん》　百円《ひゃくえん》
百年《ひゃくねん》　百日《ひゃくにち》ぜき

百《しろ》

120ページ

円 エン　まるい　（はねる）

4画　円円円円

百円《ひゃくえん》　円形《えんけい》
半円《はんえん》　円《まる》い

円《どうがまえ》《けいがまえ》

—の よみは、この ページでは ならいません。

きょうかしょ 下 120ページ

1 よみがなを かきましょう。 40てん（一つ10）

① 千円（　　）はらう。

② 百円（　　）だま

③ 円（　　）ばんなげ

④ 二千円（　　）はらう。

よめたかな。

うらの ページに つづくよ！

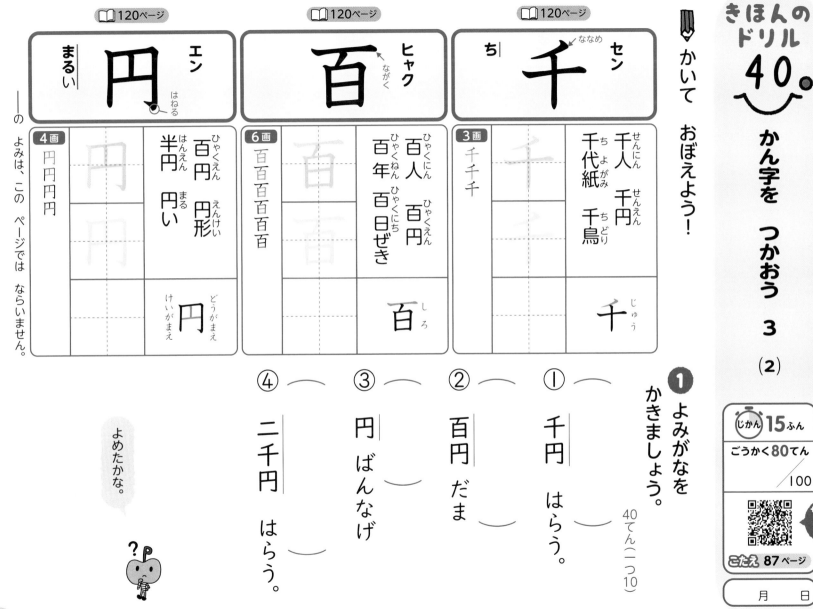

❷ あてはまる　かん字を　かきましょう。

60てん（一つ10）

① □□《せんえん》さつを　出す。

② □《ひゃく》年まえの　できごと。

③ □□□《ごひゃくえん》で　かう。

④ そらとぶ　□《えん》ばん。

⑤ □《せん》ばづるを　おる。

⑥ □□《じゅうえん》だまで　おつりを　もらう。

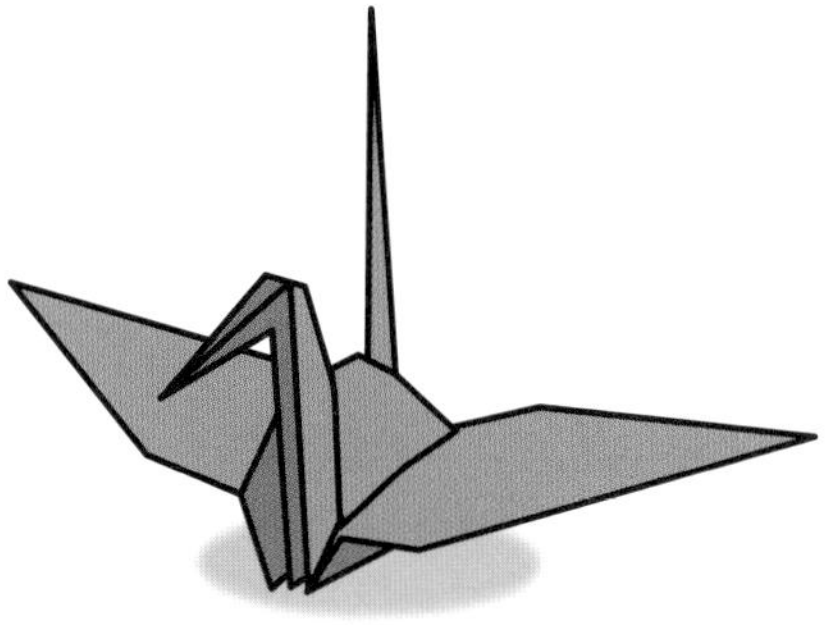

ヒント
❷ ①・⑤たてかくのさいごははねないようにしましょう。

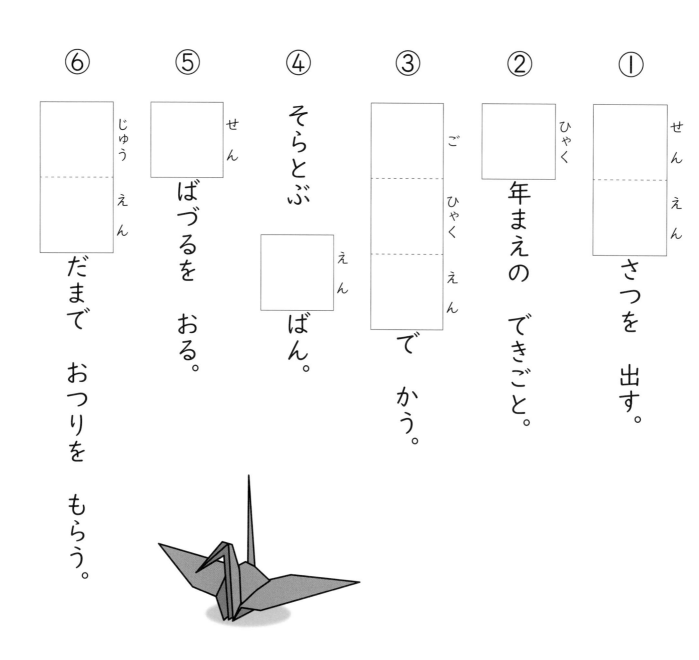

まとめのドリル 41。

むかしばなしを たのしもう〜かん字を つかおう 3

じかん 20ぷん
ごうかく80てん
/100

サクッと こたえ あわせ
こたえ 87ページ

月　日

1 かん字の よみがなを かきましょう。 50てん(一つ5)

① 小学校（　　） に 入学（　　） する。

② しんせつな 村人（　　） に あう。

③ 右足（　　） と 左足（　　） を こうごに 出す。

④ 早（　　） おきして 田（　　） うえを する。

⑤ 百円（　　） だまを さいふに 入れる。

⑥ よていを すこし 早（　　） める。

⑦ テニスの 大（　　） かいに 出る。

きょうかしょ 下 91〜120ページ

うらの ページに つづくよ！

2 あてはまる かん字を かきましょう。〔　〕には かん字と ひらがなを かきましょう。

50てん（一つ5）

① □《むら》の □《た》んぼを たがやす。

② □□《せんえん》さつで お金を はらう。

③ □《みぎ》と □《ひだり》を たしかめる。

④ □□《ひゃくねん》ごに □《し》そんを のこす。

⑤ 赤ちゃんが 〔　　〕《うまれる》。

⑥ らいしゅう、えん□《そく》に いく。

⑦ ともだちと あく□《しゅ》する。

きほんのドリル 42。

スイミー

じかん 15ふん
ごうかく80てん
/100
サクッとこたえあわせ
こたえ 88ページ
月　日

かいて おぼえよう!

122ページ
貝 かい
とめる
7画 貝貝貝貝貝貝貝
貝《かい》がら　貝《かい》ばしら
ほら貝《がい》　まき貝《がい》
貝《かい》

128ページ
糸 シ　いと
とめる
6画 糸糸糸糸糸糸
毛糸《けいと》　たこ糸《いと》
金糸《きんし》
糸《いと》

128ページ
林 リン　はやし
とめる
8画 林林林林林林林林
まつ林《ばやし》
林道《りんどう》　山林《さんりん》
林《きへん》

――のよみは、このページではならいません。

よんで おぼえよう!

●…よみかたが あたらしい かん字
‖…おくりがな

教124ページ
一 イチ　イツ
ひと　ひとつ

教128ページ
中 チュウ　ジュウ
なか

教128ページ
生 セイ　ショウ
いきる・いかす・いける
うまれる・うむ・はえる
はやす・なま

1 よみがなを かきましょう。 40てん(一つ10)

① からす貝
② 水中を およぐ。
③ 糸を ひく。
④ 林の 木。

うらの ページに つづくよ!

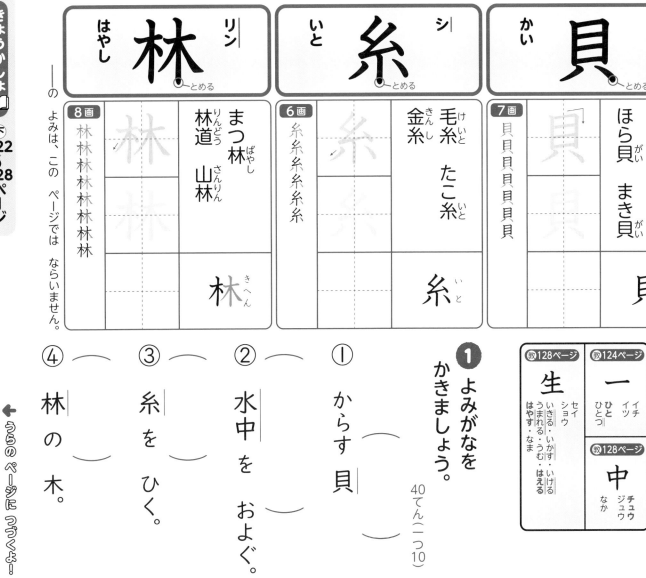

2 あてはまる かん字を かきましょう。

60てん（一つ10）

① 白い □《かい》がらを ひろう。

② □《ひと》いきに はなす。

③ □《ちゅう》くらいの 大きさの むし。

④ □《いと》□《ぐるま》を まわす。

⑤ 子どもの はが □《は》える。

⑥ □《はやし》の 中で 休む。

ていねいに かこう。

ヒント 2

①「貝」の上のぶぶんは「日」ではなく「目」です。

④かきじゅんに気をつけましょう。

きほんのドリル 43。

かたちの にて いる かん字 (1)

じかん 15ふん
ごうかく 80てん
/100
サクッと こたえあわせ
こたえ 88ページ
月　日

かいて おぼえよう!

138ページ
石　セキ　シャク　いし
つき出ない
5画
石石石石石
石《いし》ころ　小石《こいし》
岩石《がんせき》　じ石《しゃく》
石《いし》

138ページ
玉　ギョク　たま
ながく
5画
玉玉玉玉玉
玉入《たまい》れ　水玉《みずたま》
玉石《ぎょくせき》
玉《たま》

138ページ
王　オウ
ながく
4画
王王王王
王《おう》さま　王子《おうじ》
女王《じょおう》　国王《こくおう》
王《おう》

―の よみは、この ページでは ならいません。

よんで おぼえよう!
●…よみかたが あたらしい かん字

教138ページ
人　ジン　ニン　ひと

1 よみがなを かきましょう。 40てん(一つ10)

① 石を ひろう。
② 玉の のりを する。
③ 王さまの ことば。
④ 十人の 子ども。

きょうかしょ 下138ページ

うらの ページに つづくよ!

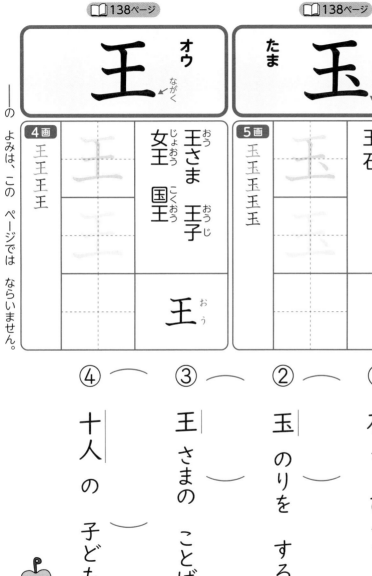

❷ あてはまる　かん字を　かきましょう。

60てん（一つ10）

① □《こ》□《いし》を　ひろう。

② □《いし》で　つまずく。

③ □《みず》□《たま》もようの　ふく。

④ うんどうかいの　□《たま》□《い》れ。

⑤ がいこくの　□《おう》さま。

⑥ いとこが　□《さん》□《にん》　あつまる。

ヒント
❷ ①・②「右」と、くべつしましょう。
③〜⑤「てん」があるかないかに、ちゅういしましょう。

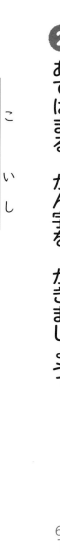

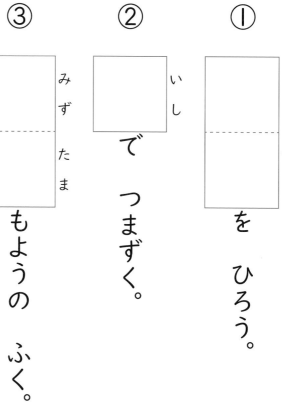

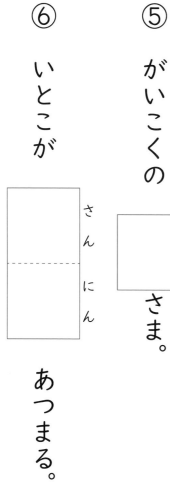

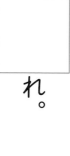

きほんのドリル 44。

かたちの にて いる かん字 (2)
一年かんの おもいでブック

じかん 15ふん
ごうかく80てん　／100
サクッと こたえ あわせ
こたえ 88ページ
月　日

かいて おぼえよう！

139ページ

正
セイ ショウ
ただしい ただす まさ
ながく
5画
正《ただ》しい　正《ただ》す
正《まさ》ゆめ　正数《せいすう》　正月《しょうがつ》
正 とめる

139ページ

雨
ウ
あめ あま
はねる
8画
雨《あめ》ふり　大雨《おおあめ》
雨水《あまみず》　雨《あま》もり　雨天《うてん》
雨 あめ

142ページ

草
ソウ
くさ
とめる
9画
草花《くさばな》　草《くさ》とり　道草《みちくさ》
草原《そうげん》　野草《やそう》
草 くさかんむり

―の よみは、この ページでは ならいません。

1 よみがなを かきましょう。 40てん（一つ10）

① 正しい かん字。
② しせいを 正す。
③ 雨が やむ。
④ 草が のびる。

よめたかな。

きょうかしょ 下 139～142ページ

うらの ページに つづくよ！

❷ あてはまる　かん字を　かきましょう。

60てん（一つ10）

① □《ただ》しい　かきかた。

② まちがいを　□《ただ》す。

③ とつぜんの　□《あめ》に　ぬれる。

④ あしたは　□《おお》□《あめ》らしい。

⑤ 一めんに　□《くさ》が　生える。

⑥ かぞくで　□《くさ》ぬきを　する。

ヒント ❷

③・④「雨」の「てんてん」は、あめのつぶをあらわします。

⑤・⑥上のぶぶんは、しょくぶつをあらわします。

きほんのドリル 45。

かん字を つかおう 4 （1）

じかん 15ふん
ごうかく80てん
／100
サクッと こたえ あわせ
こたえ 88ページ
月　日

かいて おぼえよう！

144ページ

森 シン もり
とめる
12画
森森森森森森森森森森森森
森《もり》の中《なか》
森林《しんりん》
森《き》

144ページ

天 テン あま
ながく
4画
天天天天
天気《てんき》　天下《てんか》
天《あま》の川《がわ》　天下《あまくだ》り
天《だい》

144ページ

竹 チク たけ
はねる
6画
竹竹竹竹竹竹
竹《たけ》やぶ　青竹《あおだけ》
竹林《ちくりん》　竹《ちく》わ
竹《たけ》

——の よみは、この ページでは ならいません。

きょうかしょ 下 144ページ

1 よみがなを かきましょう。 40てん（一つ10）

① 森の どうぶつ。

② いい 天気だ。

③ 竹とんぼを つくる。

④ 竹やぶに 入る。

「林」は 木が 二つ、
「森」は 三つだね。

うらの ページに つづくよ！

❷ あてはまる かん字を かきましょう。

60てん（一つ10）

① この さきに 大きな □《もり》が ある。

② □《もり》に すむ どうぶつ。

③ □《てん》□《き》の よい 一日。

④ □《てん》じょうが たかい。

⑤ いえの うらの □《たけ》やぶ。

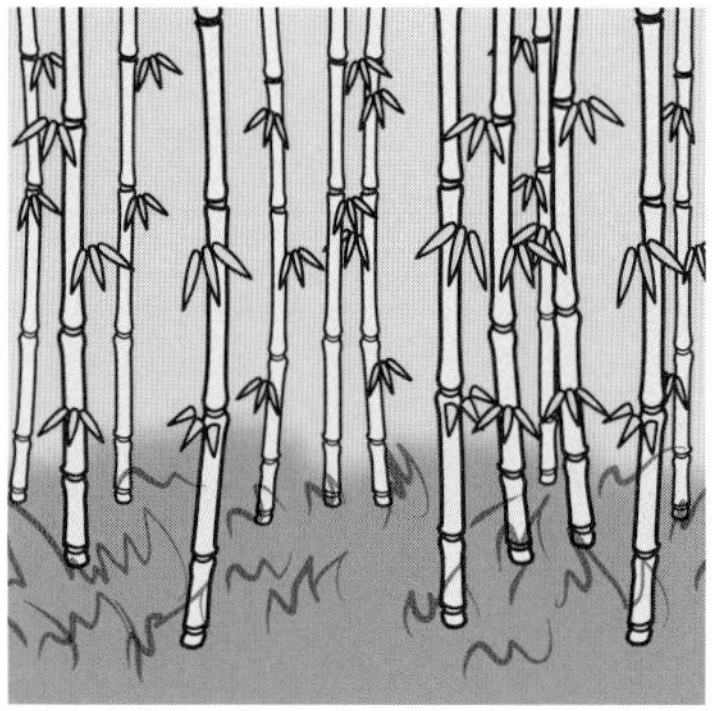

⑥ □《あお》□《たけ》で かごを つくる。

ヒント ❷
③・④上のよこぼうのほうが、ながくなります。
⑤・⑥左がわはとめ、右がわは、はねます。

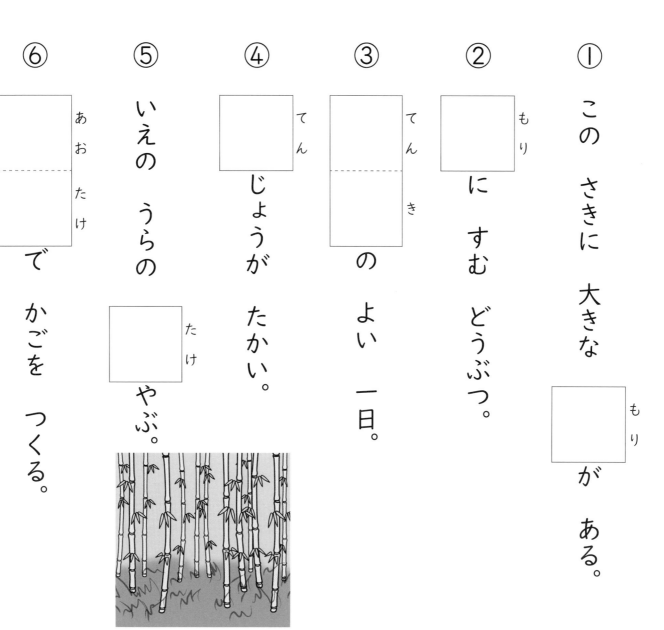

きほんのドリル 46。

かん字をつかおう 4 (2)

じかん 15ふん
ごうかく80てん ／100

サクッとこたえあわせ

こたえ 88ページ

月　日

かいて おぼえよう!

144ページ

虫 チュウ ｜ むし
とめる

6画
虫虫虫虫虫虫

虫《むし》かご　弱虫《よわむし》
青虫《あおむし》　こん虫《ちゅう》

虫《むし》

144ページ

夕 ゆう
あける

3画
夕夕夕

夕空《ゆうぞら》　夕日《ゆうひ》　夕方《ゆうがた》
夕立《ゆうだち》　夕《ゆう》はん

夕《ゆうべ》（た）

144ページ

空 クウ ｜ そら　あく　あける　から
ながく

8画
空空空空空空空空

青空《あおぞら》　空《あ》く　空《あ》ける
空手《からて》　空中《くうちゅう》

空《あなかんむり》

──のよみは、このページではならいません。

きょうかしょ 下 144ページ

1 よみがなをかきましょう。 40てん(一つ10)

① 虫とりをする。

② 赤い夕やけ。

③ 空までとぶ。

④ きれいな青空。

一年のかん字はこれでぜんぶです。

← うらのページにつづくよ!

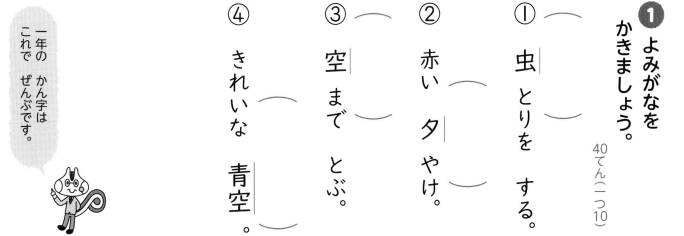

2 あてはまる　かん字を　かきましょう。

60てん（一つ10）

① □《むし》かごを　竹で　あむ。

② めずらしい　□《むし》を　つかまえる。

③ □□《ゆうひ》が　きれいだ。

④ □□《ゆうぞら》を　見上げる。

⑤ □□《あおぞら》が　ひろがる。

⑥ とりが　□《そら》たかく　とぶ。

「ゆう」は　「名」と　かたちが　にて　いるので　ちゅういしよう。

ヒント ②
③・④かたかなの「タ」とおなじかたちです。
④〜⑥上の「てん」をわすれないようにしましょう。

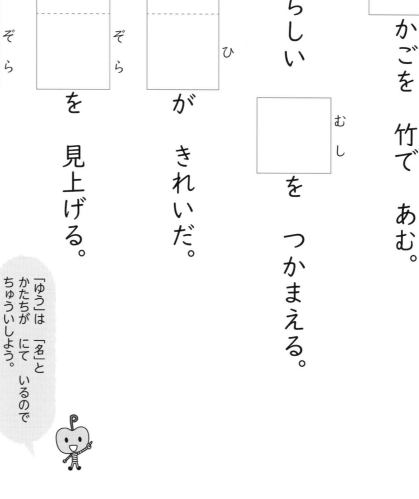

学年まつの ホームテスト 47

一月から 三月に ならった かん字と ことば

じかん 20ぷん

ごうかく 80てん ／100

サクッと こたえ あわせ

こたえ 88ページ

月　　日

1 かん字の よみがなを かきましょう。 25てん（一つ5）

① 天（　　）から 雨（　　）が ふる。

② はりと 糸（　　）を よういする。

③ 竹（　　）とんぼを 空（　　）に とばす。

2 あてはまる かん字を かきましょう。 25てん（一つ5）

① きれいな □□《ゆうひ》。

② □《むら》の □《た》んぼ。

③ □《はやし》や □《もり》の いきもの。

うらの ページに つづくよ！

3 かたちの にた かん字を □に かきましょう。

40てん(一つ5)

①
あ □《かい》がら
い よく □《み》る。

②
あ □《おう》さま
い 百円□《だま》

③
あ へやの □《なか》。
い □《むし》の こえ。

④
あ □□《こいし》
い □□《みぎて》

4 ——せんの ことばを かん字と ひらがなで かきましょう。

10てん(一つ5)

① ひげが はえる。

② こたえを ただす。

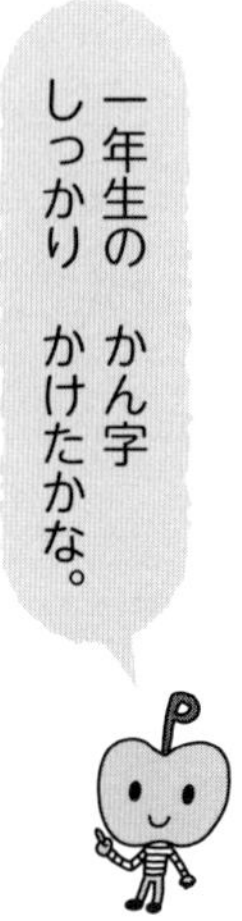

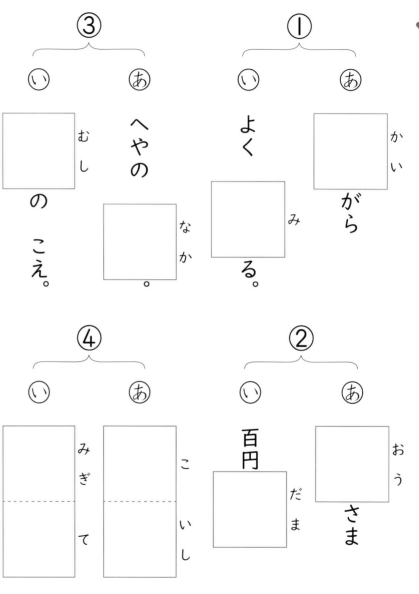

こたえ

1 はじめの べんきょう 1ページ

☆ (しょうりゃく)

おうちの方へ
せんをなぞって、たて・よこ・右・左にかけるようにしましょう。

〜

2 はじめの べんきょう 2ページ

〜

8 はじめの べんきょう 8ページ

☆ (しょうりゃく)

9 なつやすみのホームテスト 9〜10ページ

1 (みぎからじゅんに)つる　あり　わに
むし　なす　さいふ　みみ　ほうき
やま　ちくわ　てら　えほん

2 (やじるしのじゅんに)とけい　いのしし
しろくま　まめ　めいろ　ろうそく　くり
りす　すいか　かご

10 はじめのべんきょう 11ページ

〜

11 はじめのべんきょう 12ページ

☆ (しょうりゃく)

12 きほんのドリル 13〜14ページ

1 ①ひと　②いち　③ふた　④みっ

2 ①一　②一　③二　④二　⑤三　⑥三

13 きほんのドリル 15〜16ページ

1 ①よっ　②いつ　③ご　④むっ

2 ①四　②四　③四　④五　⑤五　⑥六

●まちがって　いたら、そのままに　しないで、かならず　やりなおしましょう。

14 きほんのドリル 17〜18ページ

1 ①なな　②しち(なな)　③やっ　④はち

2 ①七　②七　③七　④八　⑤八　⑥八

15 きほんのドリル 19〜20ページ

1 ①ここの　②きゅう　③とお(じゅう)　④じゅう

2 ①九　②九　③九　④十　⑤十　⑥十

16 まとめのドリル 21〜22ページ

1 ①し・ろく　②みっ・いつ　③に　④はち　⑤いち　⑥ここの・とお　⑦しちごさん

2 ①四　②六つ　③一・二　④十　⑤九　⑥三・五　⑦七つ・八つ

おうちの方へ
1 漢字は、漢字の組み合わせや、あとに続くひらがなによって、読み方が変わります。言葉の意味とともに、しっかりと覚えていきましょう。
2 書き順に注意して、書きましょう。

考え方
1 「一つ、二つ……」という数え方は、十まで確実に読めるか、確認しておきましょう。
2 「六つ」を「六っつ」、「九つ」を「九のつ」などと書かないように注意しましょう。

17 きほんのドリル 23〜24ページ

1 ①やま　②き　③き　④かわ

2 ①山　②山　③木　④木　⑤川　⑥川

18 きほんのドリル 25～26ページ

1 ①め ②め ③つき ④つき

2 ①目 ②目 ③目 ④月 ⑤月 ⑥月

19 きほんのドリル 27～28ページ

1 ①うえ ②うえ ③した ④した

2 ①上 ②上 ③上 ④下 ⑤下 ⑥下

20 きほんのドリル 29～30ページ

1 ①なか ②おお ③はい ④い

2 ①中 ②大 ③大 ④入 ⑤入 ⑥入

21 きほんのドリル 31～32ページ

1 ①いぬ ②ちい ③しろ ④しろ

2 ①犬 ②犬 ③小 ④小 ⑤白 ⑥白

22 きほんのドリル 33～34ページ

1 ①だ ②で ③ちから ④ちから

2 ①出 ②出 ③出 ④力 ⑤力 ⑥力

23 まとめのドリル 35～36ページ

1 ①やま・おお ②かわ ③き ④つき・で ⑤うえ ⑥なか・はい ⑦しろ

2 ①力・出す ②小さな ③目・大 ④白い・犬 ⑤大いに ⑥下 ⑦入れる

考え方

1 ④「出す」と「出る」は、後に続くひらがなによって読み方が変わるので、注意しましょう。

2 ②「小」は「木」と同じく、真ん中の縦棒を書いてから左右を書きます。

24 きほんのドリル 37～38ページ

1 ①み ②み ③せんせい ④せい

2 ①見 ②見 ③見 ④先 ⑤先生 ⑥生

25 きほんのドリル 39～40ページ

1 ①き ②にち ③か ④げつ

2 ①気 ②日 ③日 ④火 ⑤火 ⑥火

26 きほんのドリル 41～42ページ

1 ①すい ②みず ③かね ④もく

2 ①水 ②水 ③水 ④金 ⑤金 ⑥木

27 きほんのドリル 43～44ページ

1 ①つち ②みっか ③ついたち・ふつか ④さんがつ

2 ①土 ②五日 ③六日 ④七日 ⑤九日 ⑥二十日

28 きほんのドリル 45～46ページ

1 ①はな ②い ③ぶん ④ぶん

2 ①花 ②生 ③生 ④生 ⑤文 ⑥文

29 きほんのドリル 47～48ページ

1 ①おと ②まち ③したまち ④じ

2 ①音 ②音 ③町 ④下町 ⑤字 ⑥字

30 まとめのドリル 49～50ページ

1 ①ついたち・ふつか ②せんせい ③じ ④みかづき・み ⑤つち・おと ⑥かね ⑦ここのか

2 ①水・金 ②花・気 ③文 ④水・火 ⑤町 ⑥月 ⑦生かす

考え方

1 ①「一日」を「いつか」と読まないように注意しましょう。
④「三日」は「みっか」と読みますが、「三日月」は「みかづき」と読みます。

2 ⑦「生」は「いかす」「いきる」「いける」とよみ、後に続くひらがなによって意味が変わるので注意しましょう。

31 きほんのドリル 51～52ページ

1 ①ひと ②やす ③しゃ ④くるま

2 ①人 ②休 ③休 ④休 ⑤車 ⑥車

32 きほんのドリル 53〜54ページ

1 ①ほん ②がくせい ③がっこう ④おん

2 ①本 ②二本 ③学校 ④学生 ⑤校 ⑥音

33 きほんのドリル 55〜56ページ

1 ①て ②て ③あか ④あお

2 ①手 ②手本 ③赤 ④赤 ⑤青 ⑥青

34 きほんのドリル 57〜58ページ

1 ①な ②た ③あ ④ぐち

2 ①名 ②名 ③立 ④立 ⑤上 ⑥口

35 きほんのドリル 59〜60ページ

1 ①おんな ②こ ③みみ ④こ

2 ①耳 ②女・子 ③子 ④子 ⑤小 ⑥人

36 きほんのドリル 61〜62ページ

1 ①おとこ ②にねんせい ③いちねん ④めい

2 ①男・子 ②大男 ③三年生 ④年 ⑤名 ⑥名

37 ふゆやすみのホームテスト 63〜64ページ

1 ①な・じ ②よねんせい ③やす・くるま

2 ①校 ②手・耳 ③赤・青

3 ①(あ)大 (い)犬 ②(あ)学 (い)字 ③(あ)本 (い)木

4 ①(あ)じん (い)ひと ②(あ)な (い)めい

おうちの方へ

二学期の漢字の復習です。テスト形式で自分の今の実力を確かめ、忘れている漢字や、まちがえて覚えている漢字などがないか、見直しておきましょう。

考え方

1 いろいろな読み方をする漢字に注意して、正しく読みましょう。

2 とめ・はらい・はねに気をつけて、正確に書きましょう。

3 形の似た漢字はまちがえやすいので、似ている部分とちがっている部分を確かめておきましょう。

4 ②「名」は、この後「みょう」という読み方も学習します。組み合わせる漢字によって読み方が変わるので、注意しましょう。

38 きほんのドリル 65〜66ページ

1 ①むら ②はや ③あし ④う

2 ①生 ②大 ③村人 ④子 ⑤早 ⑥足

39 きほんのドリル 67〜68ページ

1 ①みぎ ②ひだり ③た ④そく

2 ①小学生 ②入学 ③手 ④右手 ⑤左 ⑥田

40 きほんのドリル 69〜70ページ

1 ①せんえん ②ひゃくえん ③えん ④にせんえん

2 ①千円 ②百 ③五百円 ④円 ⑤千 ⑥十円

41 まとめのドリル 71〜72ページ

1 ①しょうがっこう・にゅうがく ②むらびと ③みぎあし・ひだりあし ④はや・た ⑤ひゃくえん ⑥はや ⑦たい

2 ①村・田 ②千円 ③右・左 ④百年・子 ⑤生まれる ⑥足 ⑦手

考え方

1 ③「右」と「左」は、一画目と二画目の書き順がちがうので、しっかり覚えましょう。

2 ②「千」の一画目はまっすぐではなくななめです。「干」とはちがう漢字なので注意しましょう。

42. きほんのドリル 73～74ページ

1 ①がい ②すいちゅう ③いと ④はやし

2 ①貝 ②一 ③中 ④糸車 ⑤生 ⑥林

43. きほんのドリル 75～76ページ

1 ①いし ②たま ③おう ④じゅうにん

2 ①小石 ②石 ③水玉 ④玉入 ⑤王 ⑥三人

44. きほんのドリル 77～78ページ

1 ①ただ ②ただ ③あめ ④くさ

2 ①正 ②正 ③雨 ④大雨 ⑤草 ⑥草

45. きほんのドリル 79～80ページ

1 ①もり ②てんき ③たけ ④たけ

2 ①森 ②森 ③天気 ④天 ⑤竹 ⑥青竹

46. きほんのドリル 81～82ページ

1 ①むし ②ゆう ③そら ④あおぞら

2 ①虫 ②虫 ③夕日 ④夕空 ⑤青空 ⑥空

47. 学年まつのホームテスト 83～84ページ

1 ①てん・あめ ②いと ③たけ・そら

2 ①夕日 ②村・田 ③林・森

3 ①あ貝 い見 ②あ王 い玉 ③あ中 い虫 ④あ小石 い右手

4 ①生える ②正す

おうちの方へ

これで一年の漢字の学習は終わりです。一年生で学習する漢字は80字ですが、二年生で学習する漢字は160字と、二倍になります。今のうちに一年生の一年間で習った漢字をしっかり見直し、二年生の学習に備えましょう。

考え方

1 今後、複数の読み方を学習します。習った読み方を、確実に覚えていきましょう。

2 とめ・はらい・はねを正確に書きましょう。

③「木」「林」「森」は、「木」の数によってちがう漢字になります。バランスに注意して書くようにしましょう。

3 形の似た漢字は、どこがちがうのかをしっかりと確認しておきましょう。線や点が加わって別の漢字になります。「大」「犬」や「王」「玉」のように、セットで覚えておきましょう。

4 送りがなのある漢字は、どこまでが漢字でどこからが送りがななのかを確実に覚えるようにしましょう。